高山正也　植松貞夫　監修
新・図書館学シリーズ 5

改訂
レファレンスサービス演習

〈編集〉木本幸子　原田智子
　　　　堀込静香　三浦敬子
　　　　　　共　著

樹村房
JUSONBO

監修者の言葉

　1950年に成立した現「図書館法」により，わが国の図書館員の養成が本格的に大学レベルで実施され始めて以来，この約半世紀の間に，図書館をとりまくわが国の社会環境も，図書館も大きく変貌した。館数，施設，蔵書構成など，わが国の図書館環境の整備は世界に誇れる大きな成果ではあるが，図書館サービスそれ自体の水準は日本社会の歴史的，社会的な通念を始め，多くの要因のために，未だ世界の第一級の水準とは言い難い面もある。しかし情報社会の到来を目前に控え，新しい時代の情報専門職にふさわしい，有能で，社会的にリーダーシップのとれる図書館員の養成は社会的急務である。

　わが国の図書館職員，特に公共図書館職員の養成の主流となってきたのは，「図書館法」で定められた司書資格取得のための司書講習の規定であった。この司書講習や講習科目に基づく司書課程を開講し，図書館職員の養成にかかわる大学数も，受講する学生数もこの約半世紀の間に激増した。このような状況の下で，司書養成の内容の改善も両三度図られた。教育の改善は，教育内容と教育時間の両面での充実が考えられるが，今回（1996年）の改訂では，実質的な図書館学の教育時間の増大は図られなかったに等しい。このため教育科目の再構成と各科目内容の充実をもって，司書養成の充実を図ることになった。ここに「図書館法施行規則」の改正による教育科目の再構成が行われたが，一方，各科目の内容の充実は開講校と科目担当者に委ねられることとなった。

　このために図書館学の新教育科目群に対応し，科目担当者の努力を助け，補完し，併せて受講者の理解を深め，学習効果を高めるために，充実した各科目専用のテキスト・教材の整備が，従来に増して，必要不可欠になった。

　わが樹村房の「図書館学シリーズ」は昭和56年の刊行以来，わが国の司書養成のための図書館学のテキストとして，抜群の好評を博し，版を重ねた実績をもつ。そこで今回の司書養成の新教育体制への移行に際し，省令の新科目群に対応した「新・図書館学シリーズ」を刊行することとした。

「新・図書館学シリーズ」の刊行にあたっては，基本的に旧「図書館学シリーズ」の基本方針を踏襲した。すなわち，「図書館学は実学である」との理念の下にアカデミズムのもつ観念的内容とプロフェッショナリズムのもつ実証的技術論を統合し，さらに網羅すべき内容を大学教育での時間の枠に納める調整も行った。また養成される司書には，高学歴化，情報化した社会における知的指導者として，幅広い一般教養，語学力，さらに特定分野の主題専門知識も期待されている。本シリーズでは，この困難な要求に応えるべく，単独著者による執筆ではなく，教育と実務の両面について知識と経験を有する複数の著者グループによる討議を通じて執筆するという旧シリーズの方針を踏襲することとした。

　幸いにして，この方針は出版者，木村繁氏の了承されるところとなり，旧「図書館学シリーズ」の編集・執筆に携わった人々の経験と旧シリーズの伝統に加え，さらに新設科目や，内容の更新や高度化に対応すべく，斯界の中堅，気鋭の新人の参加をも得て，最新の情報・知識・理論を盛り込み，ここに「新・図書館学シリーズ」第一期分，12冊を刊行することとなった。

　本シリーズにおける我々の目標は，決して新奇な理論書に偏さず，科目担当者と受講者の将来の図書館への理想と情熱を具体化するため，正統な理論的知識と未知の状況への対応能力を養成するための知的基盤を修得する教材となることにある。本シリーズにより，来るべき時代や社会環境の中での求められる図書館職員の養成に役立つテキストブックが実現できたと自負している。また，併せて，本シリーズは，学生諸君のみならず，図書館職員としての現職の方々にもその職務に関する専門書として役立つことを確信している。読者各位の建設的なご意見やご支援を心からお願い申しあげます。

1997年7月

監修者

改訂の序

　「新・図書館学シリーズ」第5巻として，本書の初版が刊行されてから，6年が経過した。

　図書館を取り巻く環境は大きく変化し，特に情報源のメディアが多様化した。初版では，『レファレンスサービス演習』および関連の『情報検索演習』の編集方針は，前者は，紙媒体による情報源を使用しての問題解決の演習に重きをおき，後者は，機械検索による問題解決の演習を対象にしており，両者の住み分けを鮮明にした編集方針が採られた。改訂版では，問題解決に使用する情報源メディアが多岐に渡っている現状を踏まえ，『情報検索演習』の内容と重複しないように考慮しながら，紙媒体の情報源を中心に，CD-ROM版 DVD-ROM版，Webサイト，データベースをも対象とすることとした。

　本書の全体構成は，情報サービスに関連する実際的な知識と技術を系統的に習得するために，できるだけ具体的に解説するようにまとめている。第1章では，レファレンスプロセスの手順と考え方，その各ステップでの対応とそれに必要な関連知識を解説した。さらに，レファレンスプロセスの各段階を処理するために必要な基本的知識と技術，確認すべき事柄について，類書にもどって調べなくてもよいように，囲み文の形で解説してある。また，実際のレファレンス問題解決のイメージが湧くように具体例のシミュレーションをいくつか例示した。第2章では，演習を行う上での準備をまとめた。第3章では，レファレンスツールの種類とその特性をタイプごとに解説し，基本的かつ主要な情報源を示した。第4章では，レファレンス質問のタイプごとに例題を挙げ，回答へのポイントと必要な情報源を挙げて解説した。さらに，質問のタイプ別に演習問題を掲載してある。第5章では，レファレンスサービスに必要なレファレンスコレクションの構築と維持について解説してある。

　執筆担当者は，次の通りである。

　第1章（木本）　第2章（原田，堀込）　第3章（木本，原田，三浦，堀込）

第4章（原田，三浦，堀込）　第5章（原田，三浦，堀込）

　なお，初版編集責任者の堀込静香先生は平成15年11月急逝されました。改訂版編集にあたり，初版の基本部分を参考と致しましたので，執筆者としてお名前を記させていただきます。心からご冥福をお祈りいたします。

　最後に本書執筆の機会を与えていただいた，監修者の高山正也先生，植松貞夫先生，㈱樹村房木村繁社長に，また編集作業に多くの労を尽くしていただいた㈱樹村房安田愛氏に厚く謝意を表します。

　2004年7月

編集責任者　木 本 幸 子

序　文
（初版の序）

　本書「レファレンスサービス演習」は「情報サービス概説」で学んだ理論的内容をふまえて，「情報検索演習」と共に情報サービスに関連する実際的な知識と技術を習得するために演習形式で書かれている。

　レファレンスサービスに限らず，図書館で提供するサービスは講義や演習でそのすべてを習得できるものではなく，実際に図書館の場で体験を積み重ねてはじめて確かな知識，技術として定着する。したがって本書の演習は，実務において迷ったり戸惑ったりすることのないように準備する訓練，予習に当たるであろう。また，すでに図書館サービスに携わっている方の研修テキストとしても十分に活用できる内容である。

　本書は二部で構成されている。第Ⅰ部は基礎編，第Ⅱ部は応用編である。

　第Ⅰ部 基礎編は，レファレンスサービスの現場を想定した「演習」に必要最小限の知識と技能を養うため，内容を精選して設定されている。「情報サービス概説」では詳しく記述できなかったレファレンスブックの種類・特質などの基本的なことがらは，演習に直接必要である場合には演習問題の始まる前にまとめて説明を加えた。ここでの重点は基礎的な問題の解決である。それを考慮して，利用者から寄せられる質問に対して図書館員が資料によって対応する例を，片寄らないように，多分野にわたって多数用意した。

　第Ⅰ部では，レファレンスブックの種類，用途などをまず学んでほしい。次に，情報源となりうるレファレンスブックにはなにがあるか，それはどこで所蔵しているか，どこに置かれているか，を確認して演習問題にあたってほしい。問題（質問例）はたくさんあるので，「ことば」「ことがら」などの種類別の中からいくつかを各自の分担として少しずつ行うのがよいであろう。

　ある一つの問題を回答するには，いくつかのアプローチがあり，プロセスがあり，レファレンスブックがある。したがって，例えば，数人のグループで質問を担当することも一つのよい方法であろう。それぞれが行ったプロセス，資

料などを参考にすることができる。また取り組まなかった問題の回答例を，発表や回覧することによって，パターンや内容が異なる問題の解決方法を学ぶことができる。

　第Ⅱ部 応用編は，発展的で詳細な回答を演習するものである。

　レファレンスサービスでは，定型的な質問や，即答できる質問だけが寄せられるのではない。じっくり時間をかけて分析し，その内容に関する情報を広く収集してレポートを作成しなければならないような問題に対処することも要求される。さらに，あるテーマに関する書誌を作成することや，あるいは郷土の人物を掘り起こして資料展を開催することもある。第Ⅱ部はそうした要求に対する十分な準備を与えてくれるであろう。

　第Ⅱ部では，じっくり時間をかけて行うことをすすめる。各自，自由なテーマで進め，人物関連資料への理解を深め，人物伝を作成することも意義のあることと思われる。

　本書は，第1章および第2章-1.，第4章-1. 演習に当たって を渋谷嘉彦，ほかの部分を堀込靜香が分担した。終わりに本書執筆の機会を与えられ，また多大のご協力をいただいた㈱樹村房木村繁氏に厚く謝意を表します。

　1998年1月

執筆者代表　堀込靜香

「レファレンスサービス演習」もくじ

監修者（シリーズ）の言葉……………………………………………… i
改訂の序………………………………………………………………… iii
序　文…………………………………………………………………… v

第1章　レファレンスサービスとレファレンスプロセス………………… 1
　1．図書館サービスの種類 ……………………………（木本）… 1
　2．レファレンスプロセス ……………………………（木本）… 3
　　(1) プロセスモデル…………………………………………… 3
　　(2) プロセス手順……………………………………………… 6
　　　1) 質問の受け付けとインタビュー……………………… 6
　　　2) 受け付けられない質問と回答できない質問………… 9
　　　3) レファレンスインタビュー……………………………10
　　　4) 質問内容の確認と分析…………………………………11
　　　5) キーワードの抽出と検索語への置き換え……………13
　　　6) 探索方法の検討と情報源の選択………………………17
　　　7) 探索（検索）の実行と結果の評価……………………19
　　　8) 回答提供…………………………………………………20
　　　9) レファレンス記録………………………………………21
　3．質問例と回答手順 …………………………………（木本）…22

第2章　演習の準備……………………………………………………31
　1．レファレンスコレクションとツールの確認 ……（原田）…31
　2．演習の目的と注意事項 ……………………………（原田）…32
　　(1) 演習の目的…………………………………………………32
　　(2) 演習に当たっての注意事項………………………………32

3．プロセスの確認とレポートの作成 …………………（原田）…34
　　　　1）質問番号……………………………………………………34
　　　　2）質　問………………………………………………………34
　　　　3）質問の特徴とキーワード…………………………………34
　　　　4）質問のタイプ………………………………………………35
　　　　5）レファレンスプロセス……………………………………35
　　　　6）調査プロセス………………………………………………35
　　　　7）回　答………………………………………………………36
　　　　8）使用した情報源……………………………………………36
　　　　9）レファレンス記録…………………………………………36
　　4．演習の具体例 ……………………………………………（原田）…36
　　　(1) 事実解説型レファレンス質問……………………………36
　　　(2) 案内指示型レファレンス質問……………………………38

第3章　レファレンスツールの種類と特性……………………………42

　　1．レファレンスツールとメディア ………………………（原田）…42
　　2．レファレンスツールの種類 ……………………………（木本）…54
　　　(1) 事実解説型レファレンスツール …………………（木本）…55
　　　　1）辞　典 ………………………………………（木本）…55
　　　　2）事　典………………………………………………………62
　　　　3）便　覧………………………………………………………69
　　　　4）図　鑑 ………………………………………（三浦）…70
　　　　5）年　表………………………………………………………72
　　　　6）統　計………………………………………………………73
　　　　7）地　図………………………………………………………75
　　　　8）ディレクトリ………………………………………………76
　　　　9）法令集………………………………………………………79
　　　　10）年鑑・白書…………………………………………………79

(2) 案内指示型レファレンスツール ……………（原田）…81
　　　　　1) 書　　誌……………………………（木本）（原田）…83
　　　　　2) 目　　録……………………………………………91
　　　　　3) 索引誌………………………………………………93
　　　　　4) 抄録誌………………………………………………98
　　　　　5) 目次速報誌 ………………………………………100
　　3．インフォメーションファイル……………………（木本）…103

第4章　レファレンス質問のタイプと情報源 ……………………106

　　1．レファレンスツールのガイドを調べる……………（原田）…106
　　2．ことば・文字を調べる………………………………（三浦）…108
　　3．事柄・事象・データを調べる ………………（木本）（三浦）…112
　　4．歴史・時を調べる ……………………………（木本）（三浦）…118
　　5．場所・地理・地名を調べる …………………（木本）（三浦）…122
　　6．人物・団体・企業を調べる …………………（木本）（三浦）…126
　　7．図書・出版を調べる …………………………（木本）（原田）…131
　　8．新聞・雑誌を調べる …………………………（木本）（原田）…136
　　9．演習問題………………………………………………（堀込）…141
　　　(1) ことば・文字に関する問題 ………………………………141
　　　(2) 事柄・事象・データに関する問題 ………………………143
　　　(3) 歴史・時に関する問題 ……………………………………145
　　　(4) 場所・地理・地名に関する問題 …………………………148
　　　(5) 人物・団体・企業に関する問題 …………………………150
　　　(6) 図書・出版に関する問題 …………………………………153
　　　(7) 雑誌記事・雑誌論文に関する問題 ………………………156

第5章　レファレンスコレクションの構築と維持 ………………159

　　1．レファレンスサービスに必要なツールとは………（木本）…159

2．レファレンスツールの評価 ……………………………（木本）…162
　(1) 評価の必要性 ………………………………………………162
　　　1) 選択および収集のための評価 …………………………162
　　　2) 新たに受け入れたツールの評価 ………………………163
　　　3) コレクション構築のための評価 ………………………163
　　　4) ツールの紹介，および書誌作成のための評価 ………163
　(2) 評価項目とチェックポイント ……………………………163
　　　1) 事実解説型ツールおよび案内指示型ツールの
　　　　 共通評価項目 ……………………………………………164
　　　2) 案内指示型ツールの評価項目 …………………………166
　　　3) 電子メディアのレファレンスツールの評価項目 …167
3．案内指示型レファレンスツールの作成………………（原田）…170
　(1) 作成手順 ……………………………………………………171
　(2) 書誌作成の例題 ……………………………………………174

参考文献 ………………………………………………………………175
さくいん ………………………………………………………………176
書名さくいん …………………………………………………………178

第1章　レファレンスサービスと
　　　　　レファレンスプロセス

1．図書館サービスの種類

　図書館サービスとその種類についての詳細は，本シリーズ第3巻『図書館サービス論』に譲るとし，ここでは，簡単に解説を行う。

　各種図書館や企業などの情報管理部門（以下，図書館等）で行われるすべてのサービスは，利用者に何らかの情報を提供するためのサービスに集約される。それらは，利用者からの要求に対応する直接サービス（public service）と，直接サービスを行うための情報源やコレクション（蔵書）構築およびそのための準備を行う間接サービス（technical service）に分けることができる。

　直接サービスには，利用者の質問や要求を受けて情報を提供する情報サービスがあり，レファレンスサービス（reference service），レフェラルサービス（referral service），カレントアウェアネスサービス（current awareness service），利用案内，利用指導，等がこれに含まれる。

　レファレンスサービスとは，利用者の求めに応じて，当該図書館等所蔵のコレクションおよび公表されている情報源を典拠として，図書館員が直接行うサービスで，利用案内，利用指導，具体的な質問事項に対する調査・回答などのサービスをいう。利用案内は図書館の利用法や情報源の所在を案内するサービスをいい，利用指導は情報の探し方，情報源の使い方，機器の使い方を指導するサービスで，特に大学図書館や学校図書館で求められるサービスである。レポート作成の指導も利用指導に含まれる。

　レフェラルサービスとは，当該図書館等所蔵のコレクションでは回答できない，あるいは回答すべきではない事柄に対応するために，専門機関や専門家を

案内・紹介するサービスをいう。レファレンスサービスの回答の一形式といえる。

カレントアウェアネスサービスは，利用者要求に応じてあらかじめ決められたテーマに関する最新の情報を，継続的に提供するサービスをいう。大学図書館や専門図書館では重要なサービスである。

間接サービスは，これら情報サービスを行うためのコレクション構築作業が中心となる。良いレファレンスサービスを行うためには，特にレファレンスコレクションの選択・収集，整備，維持管理が重要である。近年，メディアが多様化し，同じ情報が印刷物での提供，CD-ROM版およびDVD-ROM版での提供，オンラインおよびインターネット提供のように複数メディアで提供されたり，代表的な目録や索引誌の中には印刷物での提供が中止になったものがあるので，注意を要する。

質問内容によっては，既存の情報源ではカバーしきれない場合がある。公共図書館では特に当該地域に関連する情報，専門図書館や大学図書館では特定の研究テーマや新製品に関連する情報に関しては，パンフレットやリーフレットや切り抜き記事などをまとめたインフォメーションファイルの作成と維持管理が必要になる。インターネットの普及により，手軽にWebサイトから情報を得ることができるようになったが，編集管理が不明確なものも多くあり，情報源として不確実な要素も多く存在する。レファレンスツールとしての有用サイトのリスト作成もこれからは不可欠となる。また，特定テーマ，地域に関わる事柄や人物に関する自前の書誌の作成などが必要となる場合がある。

図書館サービス，とりわけレファレンスサービスを行うためには，司書課程の関連科目「情報サービス概説」「図書館資料論」「専門資料論」「資料組織概説」「情報検索演習」などの知識が前提にあることはいうまでもない。

2．レファレンスプロセス

　利用者の情報要求から発せられる質問をレファレンス質問という。その回答結果は，図書館員の能力とその熟練度によって大きく左右される。レファレンスサービス担当の図書館員（以下，担当者）に求められる能力と資質とは以下のようなものである。

　①　図書館等の業務全般にわたる知識……利用者の情報要求の質問のタイプ，目的，情報レベルは，後述するように多種多様であり，また求められる回答方法もさまざまである。そのため各種情報源の整理業務，蔵書構成全般，レファレンスコレクション，各種情報源に関する知識が求められる。

　②　利用者とのコミュニケーションを円滑に行う能力……利用者の情報要求の内容を的確に聞き出すために不可欠の能力である。

　③　幅広い教養と常識……質問の種類と分野の把握，利用する情報源を決める時の判断の基礎となる。

　④　社会の流れに対応する能力……質問内容は社会の流れや状況を反映する。提供するサービスは社会インフラに即応した提供手段が求められる。

　以上の能力や知識を横軸にして，縦軸には，利用者からの質問を的確に処理し，回答を提供するプロセスに関わる処理技術が必要とされる。そのプロセスには，一連の流れと踏むべき手順がある。

　レファレンスサービスの実際は，さまざまなタイプと分野にわたる質問が寄せられる。担当者は培った経験と能力を最大限に活用して回答を提示する。熟練者になるといくつかの手順が極めて短時間に同時進行の形で処理されるように見えるが，実際は，次節で示す手順を踏んで処理が行われている。

（1）プロセスモデル

　次ページに示した図は，プロセスの流れと実際に行われる作業，利用者との関係，処理に必要な関連知識を示したものである。

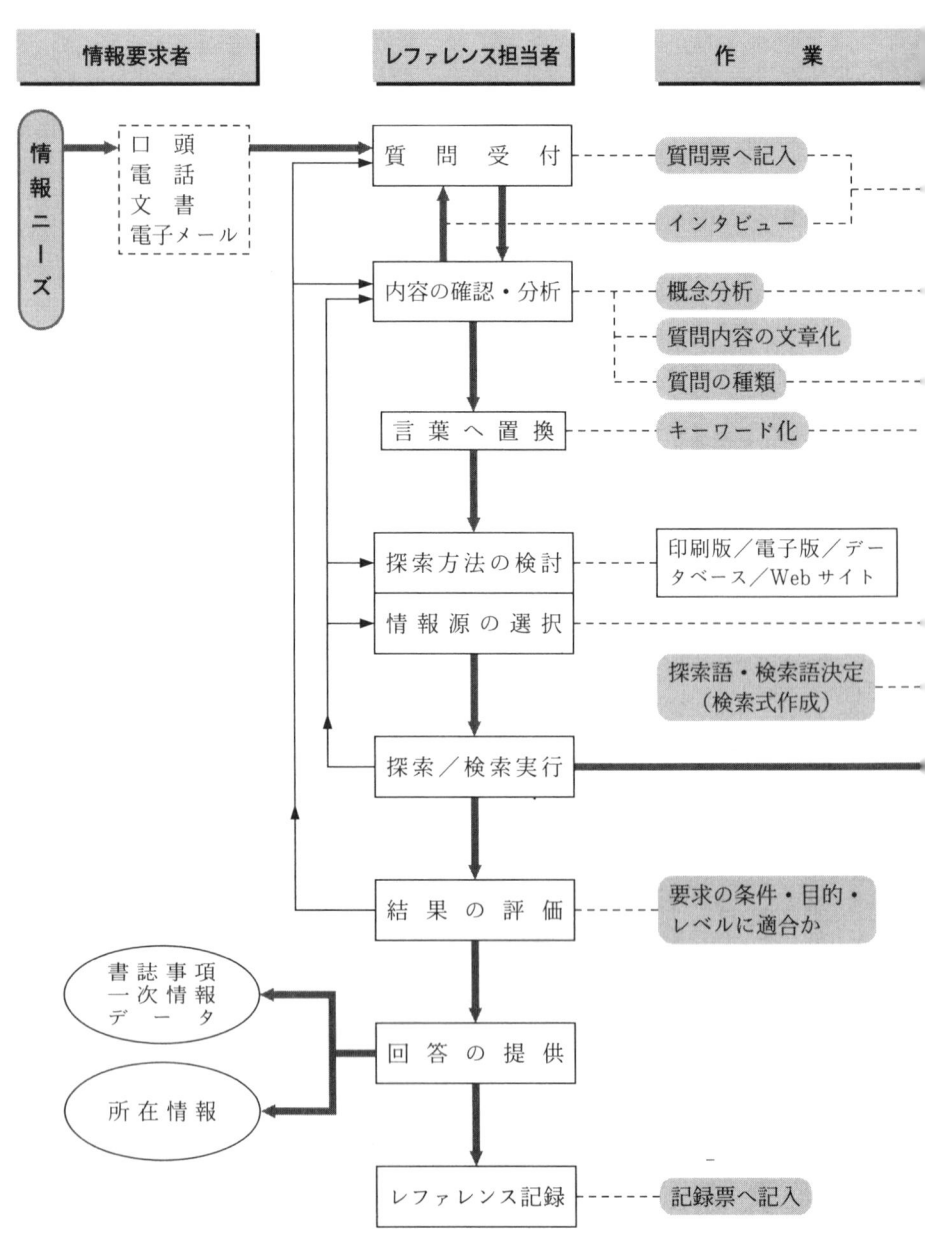

情報要求者	レファレンス担当者	作　　業
情報ニーズ → 口　頭／電　話／文　書／電子メール	質　問　受　付	質問票へ記入／インタビュー
	内容の確認・分析	概念分析／質問内容の文章化／質問の種類
	言　葉　へ　置　換	キーワード化
	探索方法の検討	印刷版／電子版／データベース／Webサイト
	情　報　源　の　選　択	
	探索／検索実行	探索語・検索語決定（検索式作成）
	結　果　の　評　価	要求の条件・目的・レベルに適合か
書誌事項／一次情報／データ　　所在情報 ←	回　答　の　提　供	
	レファレンス記録	記録票へ記入

1-1図　レファレンスプロセス

	関連知識
	----▶ 第1章

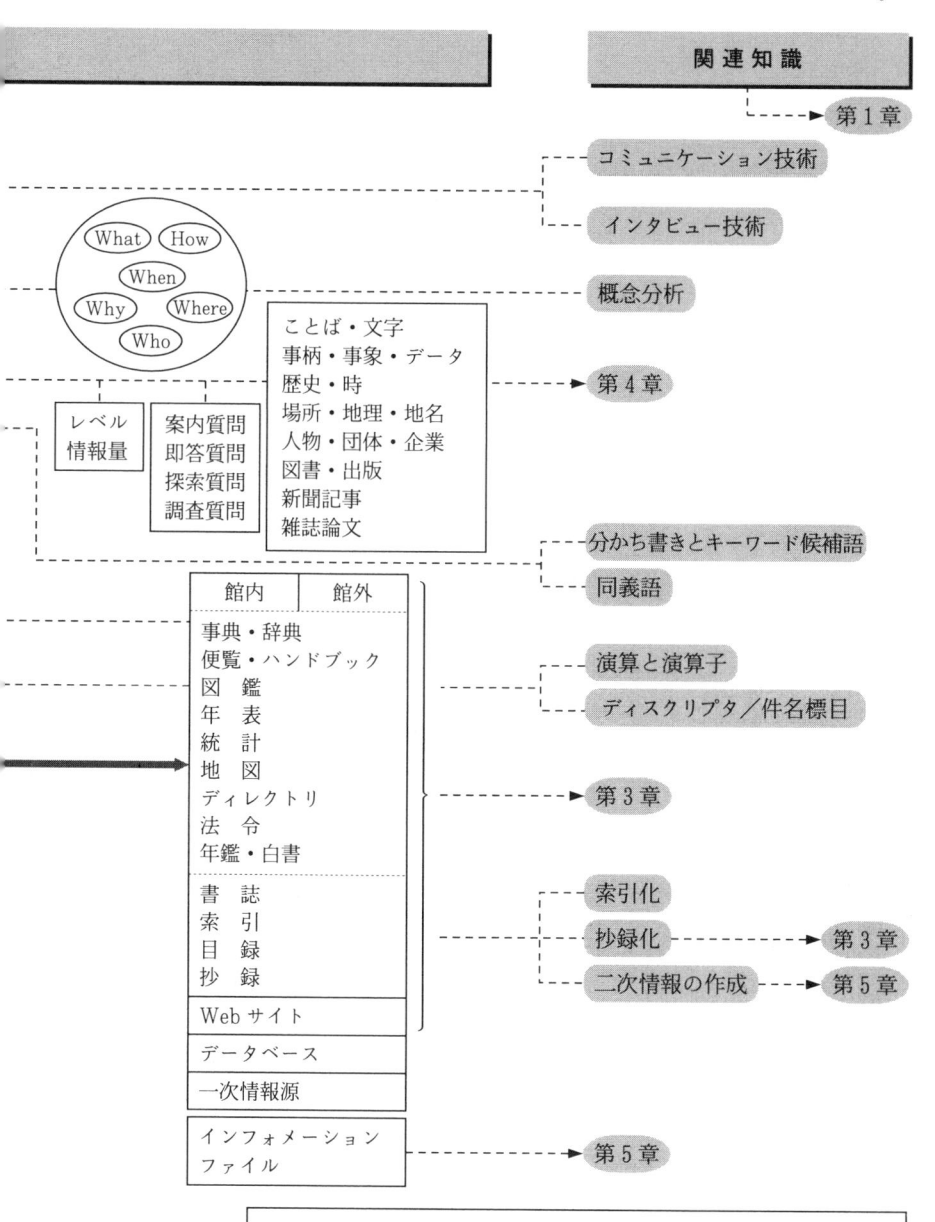

- - - - コミュニケーション技術
- - - - インタビュー技術

(What) (How) (When) (Why) (Where) (Who)

- - - - 概念分析

ことば・文字
事柄・事象・データ
歴史・時
場所・地理・地名
人物・団体・企業
図書・出版
新聞記事
雑誌論文

----▶ 第4章

| レベル
情報量 | 案内質問
即答質問
探索質問
調査質問 |

---- 分かち書きとキーワード候補語
---- 同義語

館内	館外

事典・辞典
便覧・ハンドブック
図　鑑
年　表
統　計
地　図
ディレクトリ
法　令
年鑑・白書

---- 演算と演算子
---- ディスクリプタ／件名標目

書　誌
索　引
目　録
抄　録

----▶ 第3章

---- 索引化
---- 抄録化 ----▶ 第3章
---- 二次情報の作成 ----▶ 第5章

Web サイト
データベース
一次情報源

インフォメーション
ファイル

▶ 第5章

➡ 作業の流れ　　→ 再検討の流れ　　---- 具体的作業内容

(2) プロセス手順

　利用者から情報要求を質問の形で受け付け，質問内容を確認し，各種情報源を利用して探索し，回答を提示するまでのプロセスを，レファレンスプロセスという。1-1図に示したように，各ステップを処理するのに必要な技術と知識がある。これから各ステップの内容を解説していく。

　1) 質問の受け付けとインタビュー　専門分野ではないが，日々の暮らしや日常生活の中で，ふと疑問に思う事柄がたくさんある。図書館等に寄せられるレファレンス質問の種類と内容はさまざまである。レファレンス質問の種類と内容は，情報ニーズの種類によっても異なってくる。

　社会や文化の今日的な変化に即応して世の中の変化の動きに遅れまいとして情報を求める場合は，何か情報はないだろうかといった漠然とした情報要求を発する。社会や文化の現状に対応する情報要求の場合は，最新の情報が求められる。何が知りたいのかある程度関心の焦点が定まっている場合は，何らかの問題を抱えている質問要求である。まとまった情報を必要とするような情報要求は，情報を網羅的に収集したい場合である。

　質問の難易度による種類を，長澤雅男は『問題解決のためのレファレンスサービス』（日本図書館協会　1991）で，以下の四つに分けている。

① 案内質問（directional question）

所蔵情報源の所在や所蔵に関する質問。

② 即答質問（quick reference question, ready-reference question）

事実に関する情報やデータを求める質問。レファレンスツールについての基本的な知識をもっていれば，回答が出せるレベルのものであるが，たとえ担当者が回答を知っていても必ず典拠となる情報源を示す。

③ 探索質問（search question）

二つ以上の即答質問が関係し合う質問。最初の手がかりには，レファレンスツールが有用であるが，一次情報源が必要になることも考えられる。

④ 調査質問（research question）

第1章 レファレンスサービスとレファレンスプロセス

一とおりの探索を行った上で，一次情報源への探索，多用な情報源の比較検討が必要な質問のレベルで，専門図書館では，遡及検索，カレントアウェアネスサービス，SDIサービスへと進むことが多い。

以上の四つの分け方は，担当者の熟練度によって難易度は異なってくるので，レベルの線引きははっきりしない。

質問の種類を内容別にみると，「ことば・文字」に関する質問，「事柄・事象・データ」に関する質問，「歴史・時」に関する質問，「場所・地理・地名」に関する質問，「人物・団体・企業」に関する質問，「図書・出版」に関する質問，「新聞記事・雑誌論文」に関する質問，に分けられる。これらの分け方による具体的質問例は第4章に示す。

利用者から寄せられる質問は，単独あるいは複合的にどのタイプかに属する。質問は，来館者から直接担当者に口頭で伝えられるだけではなく，電話・手紙・FAX・電子メール等の手段で寄せられる。

直接担当者と応答ができるのが，口頭あるいは電話の場合で，質問内容を相互の応答で確認することができるので，利用者の知りたい事柄と内容を明確にしやすい。特に前者は，身振り，表情，言葉の間合いなど言葉以外の情報も受け取れるので，確実性が高いと考えられる。ただし，質問者が情報要求本人ではない可能性もある。いずれにしても，利用者との対話内容と必要事項について，質問内容の確認および内容分析のため，処理を他の担当者に引き継ぐ場合の申し送りのため，後日の記録のために，メモに記録しておくことが必要である。即答が可能な質問についてはその限りではない。電話による質問の回答は，電話とは限らない。

文書・FAX・電子メールによる質問は，物理的に来館できない，開館時間に電話がしにくい，電話では上手に質問を伝えられない，等の利用者からの手段である。直接その場で質問内容と必要事項を確認できず，不明確な個所の確認に手間と時間を要するのが欠点である。最近は電子メールでレファレンス質問を受け付けることが多くなっている。質問も回答も電子メールでやり取りするレファレンスを「ディジタル・レファレンス」といっている。

\multicolumn{2}{c}{**レファレンス質問受付および記録票**}

```
┌─────────────────────────────────────────────────┐
│          レファレンス質問受付および記録票          │
│                                                 │
│         受付日時：    年   月   日   時   分    │
│         受付方法： 口頭 電話 文書 電子メール その他（ ）│
├─────────────────────────────────────────────────┤
│ 氏 名              職業（所属）                 │
│ 連絡先             電話  （  ）   内線         │
├─────────────────────────────────────────────────┤
│ 質問内容（何について何を求めるか，利用目的など，できるだけ具体的に）│
│                                                 │
│                                                 │
│                                                 │
│                                                 │
├──────────────────────┬──────────────────────────┤
│ ヒント（典拠資料など） │ 回答期限                 │
│                      │   月   日   時   分      │
│                      │ 回答方法                 │
│ 調査済み             │  口頭 電話 文書 電子メール その他│
│ 既知事項など         │                  （  ）  │
├──────────────────────┴──────────────────────────┤
│ 回　答                                          │
│                                                 │
│                                                 │
│                                                 │
│                                                 │
│                                                 │
│                            （別紙）有　無       │
├─────────────────────────────────────────────────┤
│ 処理中 （         に照会中） 処理済み           │
│ 回答不能（理由：          ）担当者名            │
└─────────────────────────────────────────────────┘
```

1－2図　レファレンス質問受付および記録票

レファレンス質問の受け付けには，誰もが確認しやすいように，一定の形式の「レファレンス質問受付および記録票」を用意しておくとよい。質問者と応答をしながら，その書式に，必要事項を記入していく。

「質問受付および記録票」には以下の項目が必要になる。

① 受付年月日
② 受付方法（口頭，電話，FAX，文書，電子メール等）
③ 依頼者氏名と連絡先
④ 質問内容（具体的に）
⑤ ヒント（典拠資料など）
⑥ 調査済み事項または既知事項
⑦ 回答期限
⑧ 回答あるいは提示方法
⑨ 回答結果（内容，情報源，回答状況など）
⑩ 管理用の事項（応答者，使用した情報源，回答処理経過など）

これらの項目のうち，①から⑧までは質問の受け付け時に記入すべき項目である。⑨は，回答が終了した後に記入すればよい。この書式に記入し終わるまでがレファレンスプロセスである。この「質問受付および記録票」は，後日，類似質問の参考のため，レファレンス回答ツール用に，研修の教材用に，レファレンスサービス評価のため，等に利用できる。

2）受け付けられない質問と回答できない質問　レファレンスサービスは，できる限り利用者の要求に答えるのが，基本であり目標であるが，質問として受け付けるべきではない，あるいは，回答を断ることができる質問もある。

前者は，予測や価値判断を求める質問，身上相談，法律や税務に関する相談，医療や健康に関する相談，美術品や骨董品の鑑定に関する質問，等の質問内容のものである。

後者の場合は館種によって扱いが異なる。公共図書館の場合は，調査が長時間にわたる，または，経費がかかる質問，明らかに検索や調査の代行と思われる質問，宿題や懸賞問題の解答に関する質問，当該の図書館に探索手段がない

質問, 等が該当する。一方, 専門図書館や大学図書館においては, 検索や調査の代行は重要なサービスの一つになっている。

回答制限事項については, あらかじめ図書館等で決めておき, 質問を受けた段階で, その旨の説明を行いトラブルにならないように注意する。他の適切な専門機関や専門家を案内・紹介するサービスに委ねるのも方法である。

3）レファレンスインタビュー　レファレンスプロセスは, 利用者が何らかの情報要求を質問の形で, 担当者に伝えることから始まるが, 利用者との間で行われる対話をレファレンスインタビューという。レファレンスサービスは, 利用者の情報要求に対して回答を提供・提示するわけだから, 担当者は利用者の情報要求の内容を的確に汲み取らなければならない。要求内容を正確に把握できなければ, 適切な回答は望めないことになる。もし, 的確なインタビューができなければ, 以後のレファレンスプロセスの各段階は無意味なものになりかねない。したがって, レファレンスプロセスの中で最も重要な部分である。質問者とのコミュニケーションと相手へのインタビューの技術が要求される所以（ゆえん）である。

インタビューでは, 質問の主題は何かをはっきりさせ, 質問の動機および目的は何か, また, 利用者が期待している回答の形式は何か, を聞き出すことが重要である。インタビューの実際の技術としては,「誰が who」「いつ when」「どこで where」「何を what」「なぜ why」「どのようにして how」の5W1Hの要素にあてはめて聞き出すとよいとされる。また, いくつかの選択肢から選ぶ形式の問いかけもある。前者は, 質問内容の明確化の段階で, 後者は, 具体的な確認を求める段階で有効となる。

コミュニケーションとインタビュー技術

〈心がけること〉
- 質問者が気軽に話しかけられる雰囲気をつくる。
- 聞き手に徹する。担当者が一方的に話をするのは避ける。
- 質問者の話だけではなく, 表情, 声の調子, 雰囲気にも注意を向ける。言葉以外でも多くの情報を発している。

- 情報要求の目的，動機のインタビューはプライバシーに気を付ける。

〈具体的手法〉
- 質問者との応答の区切り区切りで，内容を要約，繰り返すなどして，質問内容の確認を行う。質問者が情報要求を的確に伝えているか，あるいは不足がないか，担当者が的確に理解しているか，を確認できる。
- 質問内容の概念を表現する言葉を明確にしておく。同義語，関連語も確認する。
- 質問内容の要素をメモし，文章化して，具体的な設問の形にする。

〈具体的なコミュニケーション技術〉
- うなずき，あいづちなどで相手の話を促す。
- 相手の言葉の一部あるいは全部を繰り返す。
- 相手の話を要約する。
- 相手の言葉を黙って待つ。
- 相手が言いたいと思っている事を明確な言葉で返す。
- 「はい」「いいえ」で答えられる質問と，自由な言葉で答えられる質問とを使い分ける。

4）質問内容の確認と分析　　知りたい事柄を言葉で表現すること自体難しいし，また，それを相手にうまく伝えることも難しいことである。インタビューを通じて，利用者の情報要求の内容と，質問をした質問内容が合致しているかを，確認することが重要である。

　どのような主題について知りたいのか，それについてどのような回答を期待しているのかを確認する。質問の動機や目的によって期待している情報の形式が異なる。また，求める情報のタイプ，レベル，量についても確認が必要である。それによって提供する情報源が異なってくる可能性がある。

　質問者が最初に発する質問は，曖昧な表現をするか，または反対に，知りたい事柄のある一部分のキーワードについて質問してくることが多い。それは，利用者が知りたい内容を上手に伝えられないという表現技術の問題ばかりではなく，図書館等の利用の仕方，とりわけ情報源の種類や構成などについてよく知らない，あるいは質問するに値する内容かどうか迷う，等の理由による。また，図書館員をあまり信頼していないので，とりあえず曖昧に尋ねてみる，という理由もある。

質問を受けた最初の段階で、利用者が自分の情報要求を的確な表現や形で言い出せるような援助を行う必要がある。そのためには、利用者である質問者と質問を受ける担当者との間に、相互のコミュニケーションの信頼関係を築くことが大切である。最初の段階がうまく滑り出せば、その後の手順はスムーズに流れていく。

実際の作業としては、「レファレンス質問受付および記録票」に所定事項を記述しながら行う。

(1) 質問内容を具体的な文章の形にする。

必要な要素を文章の形に記述できれば、内容確認ができ、質問内容が明確化したことになる。記述することにより質問内容の意味を正しく解釈しているかどうかがわかる。設問文のとおりでよいか質問者に確認する。

(2) キーワードを確認する。

情報源探索や検索に使用する検索語を導くために、同義語や関連語も確認しておく。辞典類やシソーラス等を参考にするとよい。

(3) 情報源へ導く手がかりを引き出す。

前述の質問のタイプにより、手がかりが異なる。著者や書名からのアプローチと、主題からのアプローチでは、情報源が異なる。

(4) 関連する事柄を聞き出す。

関連事項からのアプローチが問題解決に役立つ。

(5) 既知の情報、あるいは調査済みの事柄があるか確認する。

質問内容の確認に役立つし、重複調査を避けることができる。ただし、これらはあくまでも参考に留める。

(6) 求める情報の年代および期間、情報のレベルと分量、回答までの許容時間、情報源のタイプ、情報源の言語、回答方式などを確認する。

質問内容の確認と内容の分析は、同時進行あるいは連続的な流れの中で行われる。実際のアプローチは、事実解説型の二次情報源で回答する場合と、一次情報源を提供する場合がある。後者では、まとまった情報が必要ならば図書を、

さらに詳しい情報が必要であれば，論文や記事を提供することになる。どのような情報源を提供するかは，情報要求の内容による。この段階では，どの情報源が適切かを考慮しつつ確認をすすめる。

本書の演習問題は，質問文の形になっているので，演習に際しては，質問文の分析と解釈の段階からすすめることになるが，3節で示す回答例を参考にして，応答の段階を想定してみるとよいだろう。

5）キーワードの抽出と検索語への置き換え　情報要求の内容は「言葉」に置き換えられ，担当者に伝えられる。主題の概念が的確な「言葉」に置き換えられていなければ，情報要求の内容が伝わらないことになる。情報要求の内容を表現している主題はいくつかの概念で構成されている。内容の分析では，主題を概念に分けてその概念を5W1Hの要素にあてはめ，その主だった概念を言葉に置き換え，キーワードにする。

概念の用語化

主題と概念を把握し，その概念を言葉に置き換える作業は，以下の手順で行われる。

1　主題の把握（情報源の主題把握，レファレンス質問の内容把握）
　　主題（Subject）とは，主要な題目，ある事柄で中心となるテーマのことである。文献の主題を見つけるための手がかりは，表題，抄録，序論，章や節の最初の部分，結論，図表，強調されている部分などにある。
2　概念の把握（主題の中の「主な概念」を明確にする）
　　概念とは，"事物の本質をとらえる思考"の単位のこと。主題は，いくつかの概念から構成されているので，これを個別の概念に分ける。主題中には，大きな概念，小さな概念，中位の概念が混在する。概念の把握のためには，5W1Hの要素を抽出すると，把握しやすい。
3　用語の付与（「概念」を用語に置き換える）
　　用語付与のための支援ツールとして，シソーラス，件名標目表，分類表，キーワード集を使用する。

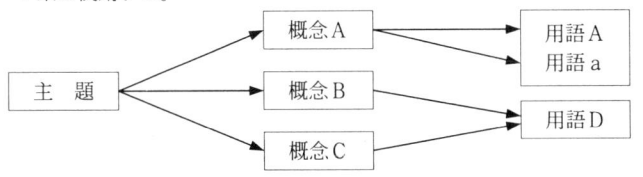

```
                  ┌─ 概念A ─┬─→ 用語A
                  │         └─→ 用語a
    主　題 ───────┼─ 概念B ───┐
                  │           ├─→ 用語D
                  └─ 概念C ───┘
```

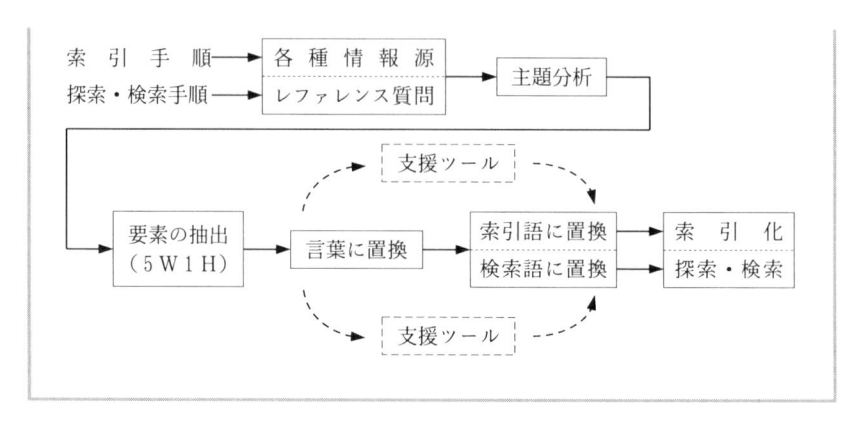

```
索引手順    →  各種情報源    →  主題分析
探索・検索手順 →  レファレンス質問
```

```
              ┌─ 支援ツール ─┐
              ↓              ↓
要素の抽出  → 言葉に置換  → 索引語に置換  → 索引化
（5W1H）                    検索語に置換     探索・検索
              ↑              ↑
              └─ 支援ツール ─┘
```

　基本的にキーワードは名詞（形）とされる。単語の場合もあるし，複合語の場合もある。探索や検索に使用する用語を検索語といい，各種情報源の内容を索引した用語を索引語という。索引語には，件名標目，ディスクリプタ，分類記号，フリーキーワードがある。内容分析の結果の「言葉」がそのまま検索語となるとは限らない。各種情報源が索引語として用いている用語と一致する言葉を，検索語として選択する必要がある。したがって，情報源によって検索語が異なることが多い。

　検索語と索引語は表裏一体の関係にあるため，索引語に関して，索引方式がフリーキーワードによる方式か，統制語による方式か，インデクシング言語について知っておく必要がある。

　統制語による方式では，図書の索引には件名標目表を用い，論文や記事の索引にはシソーラスが用いられる。

　シソーラスおよび件名標目表は，同義語の統一，用語の概念関係の表示，使用上の限定など，用語の意味を人工的に統制した語集である。

索引語と検索語のための統制語―シソーラスと件名標目表の特徴

1　同義語の統一
　　複数の同義語がある場合，その中の一つだけを使用し，他は使用しないという指示を記号を用いて行う。指示記号の例として，USE と UF (Used For) がある。用語として使用を定めた語を，「ディスクリプタ」「優先語」「件名標目」といい，

索引語として使用しない語が,「非ディスクリプタ」「非優先語」である。以下の例では,「B」が「ディスクリプタ」となる。「A」と「B」は同義語関係にある。
  例： A USE B
      B UF A
2 概念間の関係付け
  「ディスクリプタ」あるいは「件名標目」同士の語の概念関係は,例えば以下のような記号を用いて示す。
 ・ＢＴ（Broader Term）……上位語。上位概念の語,広義の語。
 ・ＮＴ（Narrower Term）……下位語。下位概念の語,狭義の語。
 ・ＲＴ（Related Term）……関連語。上記以外の概念。
 ・ＴＴ（Top Term）……最上位語。上位語の上位語。
  例： 図書館   大学図書館
     NT 大学図書館 BT 図書館
3 スコープノート（Scope Note）
  多数の意味をもつ言葉,分野によって意味が異なる言葉などに,定義,意味範囲,使い方を限定する役割がある。
4 ヒストリーノート（History Note）
  「用語」は,学問の進歩や世の中の変化により,使われなくなったり,使用頻度が変化したりする。ある「用語」が,いつ,どのような形で,統制語として存在していたかがわかるように記述する。

なお,「シソーラス」と「件名標目表」の役割は同じであるが,以下のような違いがある。

種類	統制語	対象分野	対象資料
シソーラス	ディスクリプタ	特定専門分野	学術文献や記事
件名標目表	件名標目	全分野	図書

　フリーキーワードによる方式では,同じ意味内容を表わす同義語の種類に気を配る必要がある。借用語（外来語）,省略,通称と正式名称,通称語と学術用語,日本語特有の表記のゆれ,時代による用語の変化,などを考慮する。特に「表記のゆれ」は,日本語特有の使用される文字の多さに比例して存在する。

漢字と仮名，異体字による漢字，借用語（外来語）の翻訳，送り仮名ちがい等がある。またコンピュータ検索では，大文字と小文字，長音とハイフン，全角と半角の区別にも注意が必要である。

索引語と検索語のためのフリーキーワード

1　「用語」の種類
　　表記の語形（表記のゆれ）
　　　　例：ひ素，砒素
　　　　　　国語，國語
　　　　　　インター・フェース，インターフェイス，インタフェース
　　　　　　ビールス，ウィルス
　　　　　　打ち合わせ，打合せ，打合わせ，打ち合せ，打合
　　和語と漢語
　　　　例：川，河川
　　外来語（借用語）と訳語
　　　　例：カメラ，写真機
　　略語と完全形
　　　　例：国連，国際連合
　　　　　　マスコミ，マス・コミュニケーション
　　　　　　パソコン，パーソナルコンピュータ
　　通称と学術用語
　　　　例：塩，塩化ナトリウム
　　　　　　はしか，麻疹
　　一般名（化学名）と商品名
　　　　例：フロン，フレオン
　　分野で異なる語
　　　　例：超伝導，超電導
　　その他
　　　　例：ＮＤＣ，日本十進分類法
　　　　　　CO_2，CO2

2　「分かち書き」とキーワード
　　日本語は，句読点がくるまで言葉の区切りがない。単語区切りの形「分かち書き」は，キーワード抽出の参考になる。

(1) 文章を「分かち書き」する。
(2) 「てにをは」を削除し，動詞，形容詞，副詞を切り離す。
(3) 基本は名詞形にする。「単語」も「複合語」も考える。

分かち書きとキーワード抽出の例

1　原文

> 心，あるいは意識とは何だろうか。具体的に言えば，想像力や記憶や感情はどのようにして脳で生み出されるのだろうか。人間の脳の重さは2000g足らずだが，そこにはニューロンと呼ばれる神経細胞が1000億個も存在している。

2　分かち書きの例

> 心/,/あるいは/意識/とは/何だろうか/。/具体的に/言えば/,/想像－力/や/記憶/や/感情/は/どのようにして/脳/で/生み－出される/のだろうか/。/人間/の/脳/の/重さ/は/2000－g/足らず/だが/,/そこには/ニューロン/と/呼ばれる/神経－細胞/が/1000－億個/も/存在している/。

3　キーワード候補群

> 心　意識　想像　力　想像力　記憶　感情　脳　重さ　人間　ニューロン　神経　細胞　神経細胞

　索引語の語彙が情報要求の概念に沿う適切な用語であるか，他の用語がないかよく検討することが大切である。

　6）探索方法の検討と情報源の選択　　探索の方策は質問の種類や性格によって異なってくるので，あらゆる場合にあてはまる方策はない。情報要求の条件に合致する回答を出すために，どのようなツールをどのように利用したらよいか，最も効率的な結果を導く方策を選ぶ必要がある。

レファレンスサービスの基本は，記録されている情報源を典拠として，その参照を指示することにある。したがって，各種の情報源の特性，構成，利用法の理解が不可欠である。

また，情報源は同じ情報内容でも，印刷物とCD-ROM版やDVD-ROM版，Web版，データベースでは利用方法と探索または検索の手法が異なる。記録メディアの違いによる特性の違いにも留意が必要である。前者は一覧性があり，ブラウジング的探索方法に向く。また頭の中で，一つひとつ取捨選択しながら探索のプロセスを積重ねていくことができる。後者は，検索のためのアクセスポイントが多いので，複合的検索に向く。また，大量データや複数年の調査に威力を発揮する。検索語または検索式を入力すれば，素早く結果が件数で表示されるが，それは用語の一致の結果表示にすぎない。検索結果の履歴は，内容の取捨選択の結果ではないことに留意する必要がある。

この段階では，以下を行う。

(1) 探索すべき情報源を特定する。

求める情報の期間，量，言語，情報のレベルを考慮しつつ，情報源の種類と共に提供メディア検討する。

(2) その情報源で使用する探索語または検索語を決定する。

検索語と共にアクセスポイントも検討する。

回答には，複数の情報源を示すのが望ましい。その理由は，情報源によって，収録範囲や扱うデータの種類に違いがあったり，観点が異なる解釈が行われていたり，記述の詳細度に差があったり，場合によっては誤植があったりするためである。複数の情報源とは，同じタイプのツールで複数出版社あるいは提供元のものの場合と異なるタイプの複数情報源の場合がある。いずれにしても，探索ツールの特徴の理解と，探索技術がものをいう。

比較的単純な質問への回答や，質問に関わる基礎知識や背景情報を求める場合には，事典類が役に立つ。

一般的な探索手順は次のように考えられる。まず，館内の身近にある情報源から始める。それから探索の範囲を広げていく。場合によっては，他館所蔵の

情報源が求められる。情報源は三次を利用して二次情報源を求め，それを利用して一次情報源を探索する。たとえば，ガイドや書誌の書誌を使って事典，便覧，目録，索引を求め，さらにコレクションの中から質問に合致する図書，記事，論文等を求める，という手順である。内容からのアプローチの場合は，手始めによくわかっていることから探索を始め，その結果明らかになった事柄を手がかりにして未知の事柄の探索に入っていくと効率がよい。

7）探索（検索）の実行と結果の評価　利用する情報源と方策が決まったら，探索または検索を実行する。電子メディアの情報源では，提供システムによってアクセスポイントや検索の手法が異なる。演算の種類と演算子の理解を深めておく必要がある。印刷物と電子メディアでは，探索または検索の手順のプロセスに違いがある。双方に長所と短所があるので，併用あるいは目的に応じた使い分けが必要になる。

演算の考え方について

1　論理演算と演算子

論理演算の種類	論理演算子	意　　味
論理積	AND	両方を含む
論理和	OR	どちらかを含む
論理差	NOT	〜を除く

2　検索の基礎概念と概念図

　AND検索
　　「梅」と「桜」の両方を含む
　　検索式は「梅」AND「桜」

　OR検索
　　「梅」または「桜」のどちらか一方を含む
　　検索式は「梅」OR「桜」

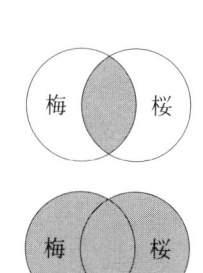

> **NOT検索**
> 「梅」から「桜」を除く
> 「梅」は含むが「桜」は含まない
> 検索式は「梅」 NOT 「桜」

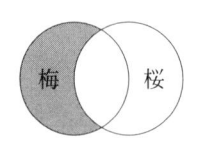

　実際に実行してみるとうまくいかないことがある。その場合は，プロセスのどの段階かの見直しが必要になる。検索語が適切でないのか，情報源を変更するのか，探索方策の変更が必要なのか，質問内容の解釈と分析が適切でなかったのか，質問要求をうまくインタビューできていなかったのか，等プロセスの各段階に戻ってやり直す必要がある。（1‐1図を参照）

　8）**回答提供**　　探索または検索の結果の評価が行われ，適切な情報が得られたなら，それを質問者に回答する。その際には，情報要求に見合う内容か，量，レベル，期間，等に適合しているかを確認する。回答は，情報源を参照するのが原則なので，可能な限り複数の情報や情報源を提示する。回答の様式は，質問の受け付け時に想定した様式と異なることもあり得る。

　適切な情報源が，自館に無い場合は，外部の情報源を紹介するなどして，質問者が，情報要求を満たすように援助することも回答方法である。

　長澤は（前掲書　日本図書館協会）回答の様式による種類を以下のように整理している。

　①　情報（データ）の提供・提示

　情報またはデータを提供する場合は，情報源は何かの典拠を示す必要がある。二つ以上の情報源がある場合，どちらを選ぶかは質問者の判断に任せることが原則である。

　②　情報源の提供・提示

　複数の情報源（できる限り）を直接提供・提示する。

　③　情報源の所在指示

　情報源の請求番号や排架の位置を示す。自館になければ他の所蔵館を知らせる。レフェラルサービスも所在情報の照会サービスである。

④　図書館の利用案内（指導）

　館内掲示やサインや利用案内の出版物によらず，利用者が図書館をうまく利用できるようにサポートする。

⑤　情報源の利用案内（指導）

　情報要求者が情報源を利用する手助けをする。メディアが多様化しているので，情報源の利用法の指導が重要になっている。

⑥　二次資料の作成・提供

　既存の二次情報源では足りない場合，または無い場合は，関係文献・記事を選びリストにして提供する。

9）レファレンス記録　　質問者へ回答を行った後，事後処理として「レファレンス質問受付および記録票」に，質問の処理過程，処理結果を記録する。これらの作業は，サービスの概要を記録することにより各種の統計にまとめることができ，また，レファレンスサービスの測定と評価，担当者の研修に役立つ。

　利用案内に関する質問は，記録表に詳細に記録する必要はないが，種類別の数量を把握するための記録は必要である。どのような種類が多いかで，館内のサインや掲示の工夫，あるいは取り扱いマニュアルの改訂に役立つ。

　記録化は継続的に行うことでサービス全体の姿がわかるので，一定基準の決められた形式で継続的に行うことが重要である。

　レファレンス記録の各項目を統計化することにより，次のことがわかる。

①　質問内容の種類，タイプ
②　使用した情報源の種類
③　回答様式の種類（情報または情報源の提供なのか，利用案内または指導なのか）
④　質問者の属性

　これらから，

(1)　利用者の情報要求の傾向が把握できる。
(2)　コレクション構築のための参考になる。

(3)　サービスの方針や手順の見直しの判断材料になる。
　(4)　業務量や業務体制の評価の判断材料になる。
などを得ることができる。

　また，処理過程の記録は以下のような質問の場合，後日のサービスに役立てることができる。

　①　同じ主題の事柄や事項の質問
　②　意外な情報源から回答が得られた質問
　③　複数のステップを必要とする質問。異なるタイプおよび複数の情報源にわたる質問
　④　自館の情報源では十分な回答が得られなかった質問。他館に紹介するなど館外の情報源を使用した質問

　これらの質問は，後日参考にするために，質問の種類ごとに分類したり，見出しを付ける等をして管理しておく。

　以上がレファレンスプロセスの流れと必要な知識である。続いて次節では，質問例と回答例を示す。また，第2章では，実際の演習に際しての準備について解説する。第3章では，レファレンスツールの種類と特性を解説する。第4章では，レファレンス質問の種類とその具体的質問例と回答への手がかりを解説する。

3．質問例と回答手順

　先のレファレンスプロセスの手順に従って，回答例の手順を順序立てて解説する。質問例はいずれも，回答には何段階かの手順を要する。使用する情報源は，印刷版を中心にし，Webサイトや CD-ROM 版で補完する例と，データベース検索例を示す。

　以下の回答例は，回答を導くための考え方と手順を示すもので，やり方の1例である。実際の回答サービスでは，求めたい情報範囲，目的などのポイント

を明確にし，すでにどこまで判明しているか等を明らかにしてから始めるので，探索のスタート時点が異なる。さらに，実際には利用できる情報源の制約，あるいはレファレンスツールのタイプは同じでも，所蔵するタイトルが異なることが考えられる。自館の情報源を利用して回答を試みていただきたい。

　質問のタイプ別の質問例は，第4章に示す。例題と共に回答へのポイントおよびヒントを付しているので，それらを参考にして回答を試みて欲しい。

【質問1】　家電を処分するにはどれ位の費用がかかるのか。「家電リサイクル法」とはどんな法律か，その内容を知りたい。条文は何に記載されているかも併せて知りたい。

　質問の特徴：この質問の回答を得るためには，何段階かの手順を踏む必要がある。質問では，処分時の費用，法律の内容，その条文，の3点を求めている。

　キーワード：リサイクル，家電，費用，法律，条文

　情報源の種類：新語辞典，法律辞典，法令集，官庁Webサイト

　レファレンスプロセス：法律内容の概略を調べる。正式法律名，家電の種類，処分に必要な費用，法律の公布日，施行日を確認し，最後に条文を調べる。

　使用した情報源：
　　① 現代用語の基礎知識2004および2002
　　② イミダス：情報・知識2004
　　③ 知恵蔵2004
　　④ 読売年鑑2002および1999
　　⑤ 経済産業省Webサイト（http://www.meti.go.jp/）
　　⑥ 三省堂新六法　平成16年版　三省堂　2003　1215p
　　⑦ 六法全書　平成16年版　有斐閣　2004　6136p.
　　⑧ 官報
　　⑨ 検索エンジンでWebサイトを検索

　調査プロセス：①，②，③で「家電リサイクル法」について概略を調べる。

正式名称は「特定家庭用機器再商品化法」であること，平成10(1998)年5月に成立したこと，平成13(2001)年4月より施行され，対象の家電とは「テレビ，エアコン，冷蔵庫，洗濯機」の4品目であることがわかった。

費用については，①に「どのくらいの金額になるかは，その時点のリサイクル技術により流動的だが，2,400～4,600円程度客から徴収することになりそうだ」と記述がある。②では，「回収・処理費用は消費者が負担する」と記述があるも，金額についての記述はない。③では，「リサイクル料と運搬料を合わせると3,000～8,000円程」と記述がある。一方，④の2002年版で確認すると，「消費者は廃棄時に2,400～4,600円のリサイクル料金（全国一律）に加えて回収・運搬費用を負担」と記述があり，1999年版を見ると，「回収・再利用のかかる費用の一部を消費者が負担するとも定めており，通産省は家電機器1台当り3,000～5,000円と試算している」と記述されている。

以上の各種情報源から費用については，流動的で，変化していることが考えられる。そこで，管轄官庁経済産業省のWebサイトで確認してみるが，価格に関して明確にわからなかったので，検索エンジンを使用して費用と料金について検索すると，リサイクル料金は家電の種類毎に大きさによらず大手家電メーカーの一律公表料金であること，収集・運搬費は，大きさや数量により業者設定の料金があること，また地方公共団体によっても対応が異なることもわかった。

条文は，⑧「官報（平成10年6月5日号外第111号）」に掲載。さらに法律名を基に，⑤⑥⑦にて条文の掲載を確認する。（アクセス日2004.5.28）

⑦にて改正が平成11年法160，平成12年法91，法113，平成15年法93でされていることがわかった。

回　答：「家電リサイクル法」の正式名称は「特定家庭用機器再商品化法」で，平成10(1998)年5月29日に参院で可決し成立，同年6月5日法律第97号で公布され，平成13(2001)年4月1日より施行された。テレビ，エアコン，冷蔵庫，洗濯機（平成16年4月1日より電気冷凍庫が電気冷蔵庫と同

じ区分に追加された）の4品目の家電の再資源化をメーカーに義務付けた法律で，消費者は，廃棄時にリサイクル料金に加えて，回収・運搬費用を負担する。

　家電リサイクル券センター（http://www.rkc.acha.or.jp/）によれば，リサイクル料金は，2004年4月1日現時で，おおむねエアコン3,675円，冷蔵庫，冷凍庫4,830円，洗濯機2,520円，テレビ2,835円である。

　なお，「家電リサイクル法」を調査する過程で，「循環型社会形成推進基本法」に関連して,「資源有効利用促進法（改正リサイクル法）」「自動車リサイクル法」「包装容器リサイクル法」「食品リサイクル法」「建設リサイクル法」「グリーン購入法」等があることがわかった。

【質問2】「御柱祭」とはどのようなお祭りで，いつどこで行われるのか。
　質問の特徴：お祭りの内容，場所，時期を求めている。
　キーワード：御柱，祭り
　情報源の種類：事典，専門辞典，Webサイト
　レファレンスプロセス：辞典・事典類で祭りの内容に関して記述を確認し，公式Webサイトで，最新情報を得る。
　使用した情報源：
　　① 世界大百科事典　平凡社
　　② 日本大百科全書
　　③ 国史大辞典　第1版
　　④ 日本民俗大辞典　吉川弘文館　1999
　　⑤ 日本民俗芸能辞典　第一法規出版　1976　1005p
　　⑥ 日本の祭り事典　淡交社　1991　293p.
　　⑦ 検索エンジンでWebサイトを検索（2004.4.15検索）
　調査プロセス：「御柱祭」とはどのように読むのか不明だが，まず①，②を調べてみる。①では「おんばしらさい」，②では，「おんばしらまつり」の読みの見出しから調べると，地元では「おんばしら」あるいは「みはしら

さい」と呼んでいることがわかる。長野県下で，式年に行われる御柱の曳行と建立を中心にした祭事で，諏訪大社が特に有名なこと，七年毎の寅・申の歳に行われていることがわかったが，さらに③④⑤⑥により，諏訪大社の上社（前宮と本宮）と下社（春宮と秋宮）の四宮の四隅に巨大な自然木（樅）の柱を計16本立てる神事であることがわかった。

⑤では，行事次第について知ることができた。以上から申歳の本年（2004年）が祭りの年であることが判明したため，祭りの最新情報をWebサイトで確認する。御柱祭の公式サイト「御柱Web」(http://www.onbashira.jp/)で，上社，下社それぞれの行事日程と予定時間，マップ，山出しルートを知ることができ，地元新聞社の信濃毎日新聞社のWebサイト「2004御柱祭」(http://www.shinmai.co.jp/onbshira/)で，御柱祭の最新ニュースを確認できた。

回　答：「御柱祭」は，長野県諏訪大社の神事で，七年毎の寅・申の歳に，諏訪大社の上社（前宮と本宮）と下社（春宮と秋宮）の四宮の四隅に巨大な自然木（樅）の柱を計16本立てて，この祭りを行うもので，この年はこの地方では祭り一色になる。

行事の中心は，山から御柱を切り出してくる「山出し」と，その御柱を神社まで曳いて建てる「里曳き」に大別される。御柱の用材を定める行事「御柱見立て」（上社では，前年5月に八ヶ岳中腹の御小屋山で，下社では，2年前の10月に霧ヶ峰の東俣国有林で行われる）のを皮切りに，「山作り」（伐採）「山出し」「古御柱休め」「里曳き」「御柱固め祭および曳建奉告祭」と続く。4月の「山出し」では，崖からの勇壮な「木落し」が行われ，5月の「里曳き」祭では，四社の氏子が参加し木遣り音頭の競演などで曳き行を競う神事である。「里曳き」では，御柱お迎えの騎馬行列，長持ち行列が町内をにぎやかに練る。また，お諏訪太鼓なども奉納される。

【質問3】　正月七日に七草粥を食べる風習があるが，食べる意味，七草の種類，その薬効を知りたい。さらに，七草の写真や図を確認したい。

質問の特徴：七草粥に関して，食べるようになった起源，意味と，種類，薬効，その色・形を求められている。

キーワード：七草，七草粥，春の七草

情報源の種類：百科事典，行事辞典，植物辞典，図鑑

レファレンスプロセス：まず七草について，百科事典から全般的な知識を得る。何種類か百科事典を引き比べ，記述の違いを確認し，不足部分を補完する。さらに専門辞典で，記述内容を補完する。七草が判明したら，植物辞典で植物の種類を確認し，薬効についての記述を求める。正月の行事であるので，昔の植物名の可能性があるので，現在の植物名を調べる。最後に色と形を図鑑で確かめる。

使用した情報源：

① 国民百科事典　平凡社　1978
② 世界大百科事典　平凡社　1981　36冊
③ 講談社大百科事典　講談社
④ ブリタニカ国際大百科事典　第3版　ティービーエス・ブリタニカ　1998
⑤ 日本年中行事辞典　角川書店　1977　819p.
⑥ たべもの起源事典　東京堂出版　2003　568p.
⑦ 薬用植物事典　五月書房　1985　760p.
⑧ 野草大百科　北隆館　1992　477p.
⑨ 野草大図鑑　北隆館　1990　727p.
⑩ 原色牧野植物大図鑑　北隆館
⑪ 広辞苑　第5版　CD-ROM版　1998

調査プロセス：①②③④⑥⑧で，七草粥を食べるようになった起源，意味，種類の記述を得る。七草の種類は，時代により構成が異なる記述があったので，より詳しい情報を求める。⑤に詳しい記述を得る。現在の七草粥に入れる七草の種類が特定でき，絵で確認できた。色や実際の状態は⑧⑨で確認した。薬効について⑦⑧で記述を得た。⑩では，その植物の細部を図

示した原色図版で植物形態を確認した。⑪でも記述および図を確認した。

回　答：「七草」は，正月七日の朝に七草粥を食して祝う行事で，五節句の一つ。「七種」とも書く。

　古く中国では，春早く山野に出て萌え出でた野草を食べると気力が増し長寿を保つという考えがあった。それが平安時代日本に入り，七種の野草を粥に煮込んだものを食べ，万病を除き災厄をはらう風習に固定した。この日を七草といい，それに使う草も七草という。

　七草の種類については，古来種々の説があり，現在でも土地ごとに相違がある。今日，一般に受け入れられている七草は，「芹，なずな，御形，はこべら，仏の座，すずな，すずしろ，これぞ七草」と和歌の形式をとって配列されたものによる。はじめの四つは野草，後の二つは蔬菜である。「御形」は「ははこぐさ」，「はこべら」は「はこべ」，「仏の座」は「たびらこ」または「こおにたびらこ」，「すずな」は「かぶ」，「すずしろ」は「だいこん」のことである。

　薬効については以下のような記述を得た。「せり」はビタミンＢ１とＣを含み，食用でリウマチその他の神経系諸症に有効。「なずな」は鉄分を含み貧血症によく，エキスには止血作用がある。「ははこぐさ」は煎じて服用すれば鎮咳・去痰薬となる。「はこべ」は，生薬の揉汁は瘡や腫れ物に塗布し，食すれば脚気に有効，揉汁と塩で歯茎の止血や歯槽膿漏薬になる。「たびらこ」は，煎じて服用すれば風邪，肋膜炎，鳥目に有効。「だいこん」は，消化作用とニコチン毒を消し，胆石を溶解する作用があり，鎮咳・去痰，頭痛などに効果がある。

【質問４】　拒食症に関する論文または図書を探したい。（データベース検索の例）

　質問の特徴：拒食症というテーマに関する情報を求めている。
　キーワード：拒食，拒食症，食事恐怖症，食物恐怖症，摂食恐怖，嫌食，恐食症（以上，医学事典から）摂食障害，神経性無食欲症，神経性食欲不振

症, 贏痩病（以上，検索過程で追加）

情報源の種類：医学辞典，雑誌記事索引（この質問内容を実際に調査する場合は，「医学中央雑誌」等の医学分野の二次情報源を利用する必要があるが，本書では，利用環境を考慮し「雑誌記事索引」を使用した）

レファレンスプロセス：「拒食症」というテーマに関する文献を調べる場合，拒食症とはどのような状態をいうのかを確認する必要があるため，専門辞典でキーワードを確認する。検索語をどれにするかは，利用する二次情報源が，フリーキーワードで索引されているか，統制語による索引かで異なってくる。「雑誌記事索引」は，フリーキーワード検索のため，同義語が必要である。

使用した情報源：

① 最新医学大辞典　第2版　医歯薬出版　2001　2333p.
② ドーランド図説医学大辞典　第28版　廣川書店　1997　3648p.
③ 医学書院医学大辞典　医学書院　2003　3062p.
④ 南山堂医学大辞典　第18版　南山堂　1998　2663p.
⑤ 国立国会図書館雑誌記事索引（http://www.ndl.go.jp/）
⑥ 国立国会図書館書誌検索和図書（http://www.ndl.go.jp/）
⑦ 国立情報学研究所雑誌記事索引（http://www.nii.ac.jp/）

（⑤⑥⑦2004.4.20検索）

調査プロセスと回答：①②③④により同義語を調べ，⑤⑦で雑誌記事索引を検索する。

　まず設問のキーワードの「拒食症」で検索する。⑤の「論題名」項目検索では，39件，⑦の「レコード全体」検索で38件の結果を得る。

　次に，「拒食」「拒食症」「食事恐怖症」「食物恐怖症」「摂食恐怖」「嫌食」「恐食症」の同義語を「OR検索」するものの，件数は同じであった。

　検索結果の詳細表示（書誌事項の表示）を見ると，「摂食障害」「神経性無食欲症」という用語があることがわかった。この2語を追加して「OR検索」すると，⑤で533件，⑦で523件の結果を得る。

⑥で図書を検索する。件名を検索画面上で確認すると,「拒食」「拒食症」「神経性無食欲症」「神経性食欲不振症」からUSE参照が出ていて「羸痩病」が件名だとわかる。そこで,「タイトル」「件名」項目に「拒食」「拒食症」「神経性無食欲症」「神経性食欲不振症」「羸痩病」「摂食障害」を,項目内および項目間それぞれ「OR検索」をすると,165件の結果を得た。

第2章　演習の準備

1. レファレンスコレクションとツールの確認

　図書館におけるレファレンスコレクションは，大きく分けて次の二つに分けることができる。
① 事実解説型レファレンスツール
② 案内指示型レファレンスツール
　①は，それを見ることにより，知りたい情報そのものが，項目などに沿って解説されているものである。内容が比較的コンパクトにまとめられており，辞書・辞典，百科事典，専門事典，便覧，図鑑，年表，統計，地図，ディレクトリ，法令，年鑑，白書などが挙げられる。
　②は，情報の存在する文献への案内，あるいは情報が収録されているツールへの所在案内などを示すものである。書誌，目録，索引誌，抄録誌，書誌の書誌といわれるものがこれに相当する。
　なお，以上のツールに関する詳細は，第3章で紹介する。
　大規模な公共図書館や大学図書館では，これらのレファレンスツールの最新版を中心に参考図書コーナーとして別置しており，禁帯出扱いとしているところが多い。今日では，レファレンスツールの電子メディア化が進んでおり，CD-ROMデータベース，DVD-ROMデータベースとして利用できるところも少なくない。さらに，インターネットや商用データベースなどによるオンライン検索が可能な場合もある。
　レファレンスコレクションの規模は，その図書館の規模に比例すると思われるが，演習を行う場合，できるだけ身近にある図書館での演習を考慮して行うことが実際的である。したがって，自分の大学での演習を可能にするために，

所蔵しているレファレンスツールの確認と，何年版のレファレンスツールでの調査ができるのかを確認しておく必要がある。これらの準備は，実際に使用するレファレンスツールを確認しながら，演習用の質問を作成すれば効率的である。また，演習に使用したいレファレンスブックスを所蔵していない場合，インターネットなどによる代替環境がどこまでできるのか，公共図書館での調査がどこまで可能かも準備段階で考慮すべきであろう。

レファレンスの調査には，通常レファレンスツールを使用するが，図書館の一般図書も重要な情報源であり，必要に応じて使用する。

2．演習の目的と注意事項

（1）演習の目的

「レファレンスサービス演習」の目的は主に二つある。

一つは，図書館利用者からのさまざまなレファレンス質問に対する調査プロセスを実際に体験し，そのプロセスを通じてレファレンスサービスの理解を深めることである。できれば，レファレンスサービスにおける最も重要なレファレンスインタビューも学生同士で相互に体験できることが望ましい。

もう一つは，実際に図書館などの情報源，特にレファレンスツールにどのようなものがあるか，それらを自分の目で確認し，実際に使用してそれらの使い方を習得することである。情報源の特徴を知る上で，欠かせない作業である。

（2）演習に当たっての注意事項

演習に当たっては，第1章で述べたレファレンスサービスのプロセスを念頭において，以下の点について注意しながら演習を行う。

(1) 演習者は，レファレンスライブラリアンの立場として演習を行う。すなわち，図書館利用者からレファレンス質問を受けて，調査を行い，回答するという立場である。図書館利用者が望む情報提供を的確に行うためには

どのように一連のプロセスを行ったらよいかということを常に意識して演習する。

(2)　レファレンスライブラリアンは，自分が知っていることでも自分の記憶で回答してはならない。必ずレファレンスツールで確認して回答しなければならない。

(3)　質問に対する直接的な回答そのものに学習のポイントがあるのではなく，その回答を得るまでの調査プロセスの理解と，使用したレファレンスツールの特徴や構成などの理解が重要である。

(4)　レファレンス記録に調査プロセス等を文章で記入するが，回答そのものは，演習であるので要点を中心に文章にまとめる。

(5)　利用者に提示する調査結果のレポート（調査報告書）の書き方，提供内容が適切に書けるかどうか，実際に文章でわかりやすく書いてみる。

調査に入る前，および調査後に下記の項目をチェックして，確認しましょう。

☐　質問の内容を十分確認し，質問者が何を求めているのか理解しましたか。
☐　使用するレファレンスツールを複数準備していますか。
☐　使用するレファレンスツールの発行年は適切なものですか。
☐　使用するレファレンスツールの収録範囲は適切なものですか。
☐　使用するレファレンスツールの凡例や利用の手引きを読みましたか。
☐　使用する検索語は，使用するレファレンスツールの見出し語や索引語と一致していますか。
☐　使用する検索語が使用するレファレンスツールの見出し語や索引語にない場合に，目次や項目一覧などもチェックしましたか。
☐　適切な検索語が浮かばない場合に，国語辞典，新語辞典，古語辞典などで調べましたか。
☐　「件名標目表」「シソーラス」などで，同義語，関連語などをチェックしましたか。
☐　複数のレファレンスツールから調査した内容は，一致するものでしたか。
☐　内容に不一致が見られた場合，正しい内容をさらに別のレファレンスツールで確認しましたか。
☐　調査結果を利用者の情報要求に合うように，まとめて記録できましたか。
☐　レファレンス記録への記入を利用者への情報提供後，すぐに行いましたか。

2-1図　レファレンスサービスのチェック項目シート

以上が，演習を実施する上での心構えである。このほか，実際に演習に入ると，思うように調査が進まないことがある。2-1図に示すようなレファレンスサービスのチェック項目シートを用意しておくと，調査の方向性の確認や見落としなどを防ぐことが可能になるであろう。

3．プロセスの確認とレポートの作成

実際の情報要求に従って，以下の項目を考慮して演習を行い，レポートを作成する。

1） 質問番号　質問番号は暦年ごとの連番が望ましい。日本では4月から翌年3月までの年度を使用することが多いので，年度の切替え時にその年度の下2桁，および受付番号を付与することが望ましい。その図書館で年間の質問数により桁数が異なるが，たとえば040001のように付与していく。

2） 質　問　できるだけ詳細に文章で書いてもらえるように，「レファレンス質問受付および記録票」(p.8，1-2図)ではスペースを大きくとるようにする。単語のみの羅列では，適切な調査はできない。

質問者は最初は遠慮して，本当に知りたいことから切り出さないことも多い。カウンセリングなどにおける相談と同じで，質問者と図書館員との間に信頼関係が生まれないと，なかなか本質を話さないことも多い。

何のためにその情報を知りたいのかということは，質問者が自主的に話さない限り，プライバシーなどの問題から強制的に聞くことはできない。

3） 質問の特徴とキーワード　何を回答として得たいのかを明確にすることが重要である。しかし，知りたい内容がすぐにキーワードで表現できるとは限らない。同義語，類義語，関連語などは件名標目表やシソーラスなどを参照して，できるだけ検索の手がかりとなるキーワードの候補を多く準備しておくことが望ましい。

固有名詞である人物名や企業名なども，案外問題が多い。人物名も本名とペンネームなど，同一人物でもいくつかの名前を使用している人もいる。企業名

では社名変更，合併などによる変更はよくあることである。

　略語については，質問者のわかっている範囲で，フルスペルやどのような分野，領域で使われている用語であるかを確認する必要がある。

　質問者とインタビューしながら，少しずつ質問の内容が明確化されることもあるので，質問者とのコミュニケーションを大切にするように心がける。

　4）　**質問のタイプ**　事実解説型レファレンス質問であるか，案内指示型レファレンス質問であるかを確認する。また，案内指示型質問の場合は，原報の入手（コピーでの入手も含める）も必要であるかを確認する。原報の入手においては，コピーによる入手の場合の料金などもあらかじめ確認をとっておく。

　5）　**レファレンスプロセス**　実際の調査においては，検索語の決定と，使用するレファレンスツールの決定が，調査結果を左右するので，ここに時間をかけるべきである。調べたいレファレンスツールが図書館に所蔵されているか，はじめにOPAC（オンライン利用者目録）で確認し，請求記号を控えておく。

　適切なレファレンスツールがわからない場合は，レファレンスブックのレファレンスブック（『日本の参考図書』『日本書誌の書誌』など）を参照する。

　レファレンスサービスは利用者への情報サービスであるから，きめ細かな調査は大切であるが，迅速に処理することも重要である。調査に要する時間がどのくらいで回答できればよいのか，最初に確認しておかなくてはならない。30分以内に回答が欲しいのか，半日くらい待てるのか，あるいは翌日でもよいかなど，いつまでに，どの程度詳しい情報を欲しいのか，というような確認は必要である。したがって，思ったよりも調査に時間がかかるようであれば，中間報告を提示すべきである。調査内容の再確認や，調査の方向性などの確認にもなる。

　6）　**調査プロセス**　キーワードを手がかりに，候補に挙げた複数のレファレンスツールを調査する。印刷物の場合は，凡例に目を通した後，目次，索引，項目一覧などから調査を進める。電子メディアでは，検索項目が多いので

手がかりが得られる内容でも，印刷物の場合は，目次，索引，項目一覧がどの程度充実しているかに左右される。また，本文全体からの探索はできないので，必要な情報があるにもかかわらず見落とすことがないように注意する必要がある。

　7）回　　答　　回答は，明確に結論から提示する。調査過程をわかりやすい文章で記述する。

　8）使用した情報源　　使用したレファレンスツールの書誌事項と掲載ページのリストを作成し，調査内容と一緒に質問者へ回答する資料として渡す。

　9）レファレンス記録　　質問者への回答した内容に加えて，調査に使用したキーワード，調査に要した時間，回答が得られなかったが，実際には使用したツール名など，自分以外の図書館員が見ても，調査過程，調査結果，回答内容がわかるように，記録を残す。また，必要に応じて，調査していてわかった情報なども付け加えておくとよい。

　これらのレファレンス質問は，同様な質問があった場合や，同じ人から追加の質問があった場合に備えて，データベース化して情報を蓄積し，いつでも活用できるようにしておく必要がある。

4．演習の具体例

　ここでは，前節の項目に従って回答例を示しながら，プロセスの確認とレポートの作成について述べる。

（1）事実解説型レファレンス質問

【質問1】　日本アルプスの名称の創始者は誰か知りたい。
　質問の特徴とキーワード：「日本アルプスの命名者」という人物を求めているが，キーワードは「日本アルプス」であろう。
　レファレンスプロセス：知りたいことは，人物名である。その人物は，「日本アルプス」という名称を名付けた人物である。しかし，人物名がわからな

いので，最初から人物事典は使用できない。地名や山に関する事典を調べることがベストであろう。

調査プロセス：はじめに，三省堂の地名事典，山名事典で「日本アルプス」という項目で調べたが，「英人ウォルター・ウェストンにより命名」とあった。次いで，『世界山岳百科事典』を参照したところ，下記のこと（命名者はガウランド）がわかった。さらに，いくつかの百科事典に当たってみた。名称の創始者についての記述は，どの事典もほぼ同じであったので，平凡社の『世界大百科事典』ほか，下記の資料を提供する。百科事典の中に創始者をゴーランドやガーランド，ガウランドと表記しているものがあったので，その点を注意する必要がある。『人物レファレンス事典』を利用すると，ガゥランドは『コンサイス世界人名辞典』『来日西洋人名事典』などに記載があることがわかる。『来日西洋人名事典』によると，ガゥランドは日本アルプスの命名者とされている。

回　答：名称創始者は英国人ウィリアム・ガウランド（William Gowland, 1842-1922）で冶金技師として来日。明治13(1880)年，北アルプスの槍ヶ岳に登り，この地がヨーロッパ・アルプスに似た高山性の山地であるところから，「日本アルプス」と命名し，アーネスト・サトウ編 *Handbook for travelers in Japan* の中で紹介された。のち，英国人宣教師ウォルター・ウェストンがその著『日本アルプス・登山と探検』（1896年刊）などで取り上げ，この名称は一般化した。なお，ウェストンは赤石山脈を南アルプスと称し，小島烏水が木曽山脈を中央アルプスと名付けたという。

使用した情報源：この場合は，使用したレファレンスブックスを提示する。

① 　世界山岳百科事典　山と渓谷社　項目名：日本アルプス

② 　コンサイス日本山名事典　三省堂　項目名：日本アルプス（命名者：ウェストン）

③ 　コンサイス地名事典　日本編　三省堂　項目名：日本アルプス命名者：ウェストン）

④ 　万有百科大事典　8日本地理　小学館　項目名：日本アルプス（ゴー

ランドと表記）
- ⑤ 世界大百科事典　23　平凡社　項目名：日本アルプス（ゴーランドと表記）
- ⑥ 日本大百科全書　17　小学館　項目名：日本アルプス（ガーランドと表記）
- ⑦ 来日西洋人名事典　日外アソシエーツ　項目名：ガゥランド

（2）案内指示型レファレンス質問

【質問2】 大気汚染が植物に及ぼす影響について，昭和50年から昭和53年頃までの日本の雑誌に掲載された記事を読みたい。

質問の特徴とキーワード：この質問の場合は，情報要求を満たすために，以下に示すような複数の手順を踏む必要がある。キーワードは，テーマから「大気汚染」「植物」「影響」が考えられる。また，記事が書かれた時期は，昭和50年から昭和53年頃ということである。

レファレンスプロセス：質問者のニーズを満足するには，はじめに，テーマ「大気汚染が植物に及ぼす影響」について書かれた雑誌記事にどのような文献があるかを調べなければならない。

　次に，該当する記事が見つかったら，どの図書館にその雑誌が所蔵されているかを調べる必要がある。その文献が自分の図書館に所蔵しているかどうか調べ，所蔵していれば，質問者はその雑誌を閲覧することができる。あるいは，コピーをとることもできる。しかし，所蔵していない雑誌に掲載されている記事は，どの図書館でその雑誌を所蔵しているか調べ，文献複写依頼をする必要がある。

調査プロセス：調査プロセスは三つのステップとなる。テーマに沿って，適切なツールを使用して，文献調査を行うことが第1ステップである。そして，テーマに合致する文献が見つかったら，その文献の書誌データから，その雑誌を所蔵している図書館を調べる。これが第2ステップである。自館で所蔵していない場合は，その雑誌を所蔵している図書館を調べ，図書

館を紹介するか，文献の取り寄せを行い，質問者に提供する。これが第3ステップである。

　［第1ステップ］　文献調査を行う。日本の雑誌記事を知りたいということであるので，国立国会図書館が刊行する『雑誌記事索引』を使用することが，最も適切である。現在，国立国会図書館はその Web サイトから『雑誌記事索引』を無料公開している。しかし，現在 Web サイトで公開されているのは，1983年以降の収録記事に限定される。この調査で求められている年代は，昭和50年から53年（1975年から1978年）である。したがって，Web 版での検索はできない。

　［第2ステップ］　『雑誌記事索引―人文・社会編― 累積索引版　1975年（第28巻）-1979年（第32巻）　総合索引　件名編』を使用して，「事項索引」の"大気汚染"を見る。そうすると，"大気汚染と樹木"という見出し語が見つかる。"植物"は"樹木"とほぼ同義と考えられるので，該当編である「シリーズ E　社会・労働編〈下〉」の824ページを見る。そのページを見ると，六つの該当文献があることがわかる。しかし，そのうち最後の文献は，出版年が1979年であるので，今回の調査対象期間から除外する。しかし，件数がたくさんあるわけではないので，含めてもかまわない。

　［第3ステップ］　『雑誌記事索引』での調査結果に基づいて，該当文献の雑誌名と発行年を見る。はじめに，自館での所蔵状況をチェックする。あいにく所蔵していなかった場合は，国内の所蔵館を調べる必要がある。

　『学術雑誌総合目録　和文編　2000年版』で各雑誌名から，所蔵館を見ていき，質問者が行きやすい図書館を紹介するか，複写申込受付をする。

　国内の雑誌所蔵館の調査は，国立情報学研究所（NII）の Webcat（http://webcat.nii.ac.jp/）でも調べることができる。

回　答：2-2図の文献が得られた。それらをすべて所蔵している図書館が理想であるが，東大総合図書館と東大農学部図書館を合わせれば，『公害研究』4（4），『技術と人間』6（6）と6（11），『林野時報』22（2）と22（4）の原報の入手が可能である（2-3図）。

Webcatでは，検索対象が雑誌であるので，雑誌のラジオボタンをチェックする。フルタイトルに雑誌名の『公害研究』を入力し，検索開始ボタンをクリックすると，該当雑誌名が3件表示される。雑誌名をクリックすると，参加組織表示画面に移り，その雑誌に関する書誌情報とともに，全国の大学や研究機関の所蔵状況の一覧が表示される（2-4図）。質問者が行ける図書館があれば，その図書館名をクリックすると，その図書館の所在地，電話番号その他の連絡先，URLと，サービス内容などが表示される。他の雑誌についても同様に簡単に所蔵館を調べることができる。

　なお，質問者が東大図書館に行くことができるのであれば，公共図書館や大学図書館の紹介状を持って直接出向くことも可能である。

```
●〈大気汚染と樹木〉
  枯松一斉調査と年輪解析報告――松枯れの原因は大気汚染であって，松にくいこむマツノザイセンチュウはその結果で
  ある（投稿）（吉岡 金市　四手井 綱英コメント）：公害研究　4(4)('75.4) p70～74                    【31420】
  殺虫剤空中散布の論争点と実際――松枯の警告するもの（山下 敬彦）：技術と人間　6(6)('77.6) p108～118  【31421】
  大気汚染の樹木に及ぼす影響――北海道ほか11県林試の共同研究の結果から―1―（佐藤 卓）：林野時報　22(3)('75.
  6) p53～55                                                                                【31422】
  大気汚染の樹木に及ぼす影響――北海道ほか11県林試の共同研究の結果から―2―（佐藤 卓）：林野時報　22(4)('75.
  7) p53～55                                                                                【31423】
  松枯れの原因に関する試論――広島県竹原・蒲刈地区の事例から（宇田 隆）：技術と人間　6(11)('77.11) p69～77
                                                                                            【31424】
  リモート・センシング技術――赤外カラ-写真による樹木活力調査（モニタリング・システム）（内海 東男）：高速道路と
  自動車　22(5)('79.5) p28～33                                                                 【31425】
```

2-2図　『雑誌記事索引』の調査結果

第2章 演習の準備

2-3図 『学術雑誌総合目録』の調査結果

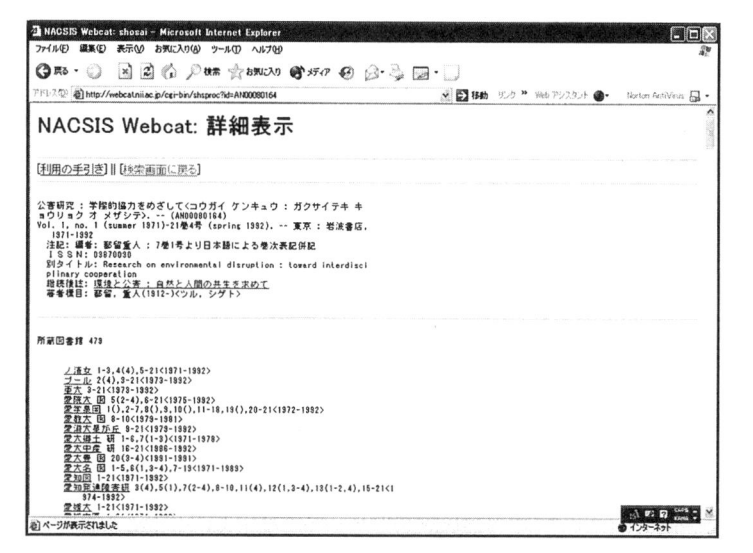

2-4図 Webcatにおける雑誌の詳細情報と所蔵館の表示結果

第3章 レファレンスツールの種類と特性

1. レファレンスツールとメディア

　図書館で扱う各種資料は，紙メディア（印刷物），マイクロ資料（マイクロフィルムやマイクロフィッシュ），電子メディア，すなわち，磁気メディア（磁気テープや磁気ディスク），光ディスク（CD-ROM データベースや DVD-ROM データベース），インターネット（Web ページ）など，多種多様になってきている。特に，レファレンスツールにおいては，紙メディアから電子メディアへの移行が強力に推進されてきている。

　このことは，同一タイトルのレファレンスツールが異なるメディアで存在する場合，レファレンス質問を解決するために，そのテーマに最適なメディアを選択する能力が図書館員に要求されるようになってきていることを意味する。

　本章には，それぞれのレファレンスツールが異なるメディアをもっている場合，それがわかるように記述してある。

　気を付けなければならないのは，印刷物と電子メディアでは同一タイトルであっても，収録されている内容が必ずしも同じでないことがあるという点である。電子メディアは，紙メディアでは不可能な音声や動画などのマルチメディア情報が収録されていたり，検索項目が多数用意されていたり，本文などからの検索が可能になっている。また，同じ電子メディアでも CD-ROM 版と Web 版では検索機能などが異なっている場合もある。

　ここでは，全国書誌の代表的ツールである『日本書籍総目録』（日本書籍出版協会）と，代表的な百科事典の一つである『世界大百科事典』（平凡社）を取り上げて，その違いを見ていくことにする。

第3章　レファレンスツールの種類と特性　　　　　　　　　　43

【事例1】　小泉純一郎氏が書いた図書で，現在在庫があり，購入可能なものを知りたい。

①　印刷物『日本書籍総目録2001』（3-1図）

　著者索引編を使用し，'小泉純一郎'を見ると，5冊の書名が記載されている。次に，書名編を使用し，五十音順に排列されているそれぞれの書名から探して書誌データを見る。

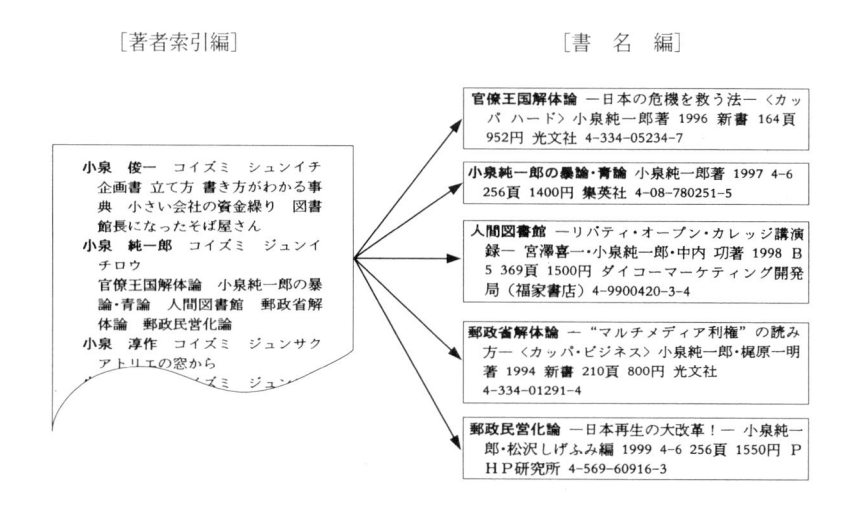

［著者索引編］　　　　　　　　　　　　　　［書　名　編］

小泉　俊一　コイズミ　シュンイチ
企画書 立て方 書き方がわかる事典　小さい会社の資金繰り　図書館長になったそば屋さん
小泉　純一郎　コイズミ　ジュンイチロウ
官僚王国解体論　小泉純一郎の暴論・青論　人間図書館　郵政省解体論　郵政民営化論
小泉　淳作　コイズミ　ジュンサク
アトリエの窓から

官僚王国解体論 ―日本の危機を救う法―〈カッパ　ハード〉小泉純一郎著　1996　新書　164頁　952円　光文社　4-334-05234-7

小泉純一郎の暴論・青論　小泉純一郎著　1997　4-6　256頁　1400円　集英社　4-08-780251-5

人間図書館 ―リバティ・オープン・カレッジ講演録― 宮澤喜一・小泉純一郎・中内 功著　1998　B5　369頁　1500円　ダイコーマーケティング開発局（福家書店）4-9900420-3-4

郵政省解体論 ― "マルチメディア利権"の読み方―〈カッパ・ビジネス〉小泉純一郎・梶原一明著　1994　新書　210頁　800円　光文社　4-334-01291-4

郵政民営化論 ―日本再生の大改革！― 小泉純一郎・松沢しげふみ編　1999　4-6　256頁　1550円　PHP研究所　4-569-60916-3

3-1図　印刷物『日本書籍総目録』における調査

②　CD-ROM版『日本書籍総目録2001』（3-2図）

　著者名の検索ボックスに'小泉純一郎'を入力し，［実行］ボタンをクリックすると，5冊の図書が表示される。1冊ずつ選択してダブルクリックすると，書誌データの詳細情報が表示される。

　CD-ROM版の検索画面は，2001年版と2003年版では異なっており，2003年版ではWeb版と同様に簡易検索と詳細検索の2種類が用意されている。詳細検索では，Web版よりも検索項目が多い。

　また，書名の前に＃記号が付されている図書については，「BooksLink」とい

う表示があり，Web版へのリンク付けがなされている。

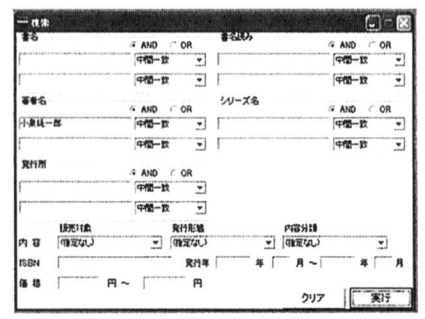

　　(1)　検索項目に'小泉純一郎'と入力。

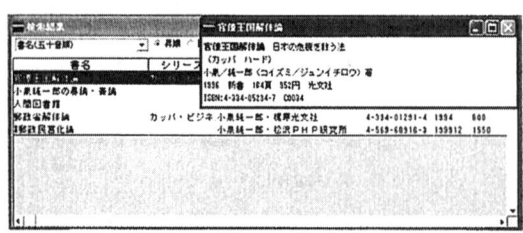

　　(2)　1件目の書誌データの表示。

　　3-2図　CD-ROM版『日本書籍総目録2001』における検索

③　Web版　Books.or.jp［本を探す］http://www.books.or.jp/（2004.5.10検索）（3-3図）

　著者名の検索ボックスに'小泉純一郎'を入力し，［さがす］ボタンをクリックすると，3冊の図書が表示される。1冊ずつ選択して書名をダブルクリックすると，詳細情報が表示される。Web版での検索は，CD-ROM版『日本書籍総目録2003』の検索結果と同じ3件を示す。

　Web版では，簡易検索のほかにもっと詳しく検索する（詳細検索）という検索画面が用意されており，シリーズ名，発行年，ISBNコードからも検索できる。

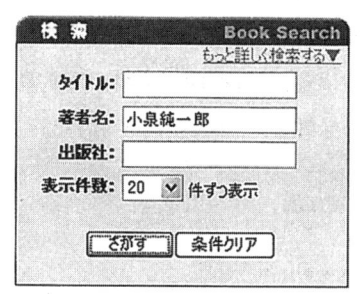

第3章　レファレンスツールの種類と特性

(1) 著者名項目に'小泉純一郎'と入力。

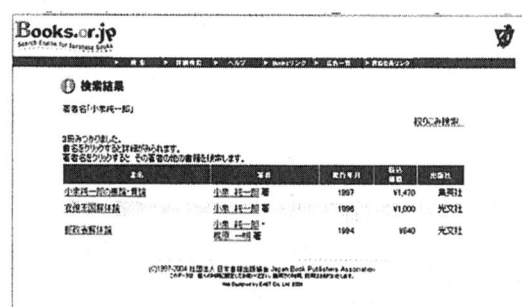

(2) 一覧表示結果3件。

(3) 1件目の書誌データの表示。

3-3図　Web版　Books.or.jp［本を探す］における検索

【事例2】　書名にレファレンスという言葉が入っている図書で，1995年1月以降に発売され，価格が1,000円から2,000円の間の現在在庫があり，購入可能なものを知りたい。

① 印刷物『日本書籍総目録2001』（3-4図）

書名編では，書名の始まりが'レファレンス'という言葉の図書は探せるが，

それ以外の場所に'レファレンス'という言葉がある書名は，全てのページを見る必要があり事実上調べることはできない。ここでは該当する12件の中から目で見て，1995年1月以降の価格が1,000円から2,000円の本を選択する。

```
レフ ―左翼芸術戦線― 〈ロシア・アヴァンギャル
  ド 7〉 松原 明・大石雅彦編 1989 A5 508頁 50
  49円 国書刊行会 4-336-03076-6
レファレンス・サービス カッツ, W.A.（ウィリ
  アム・A）著 遠藤英三訳 1989 菊判 303頁 28
  00円 全国学校図書館協議会 4-7933-0029-4
レファレンス・サービス ―実践とその分析― 大
  串夏身著 1993 4-6 178頁 2000円 青弓社
  4-7872-0015-1
レファレンスサービス ―図書館における情報サ
  ービス― 長澤雅男著 1995 A5 258頁 2300円
  丸善 4-621-04048-0
レファレンスサービス演習〈新図書館学シリーズ
  5〉堀込靜香編著 渋谷嘉彦著 1998 A5 202頁
  1900円 樹村房 4-88367-005-8
レファレンスサービス演習〈新現代図書館学講座
  6〉田澤恭二編著 1998 A5 180頁 2000円 東京
  書籍 4-487-71476-1
レファレンスサービス演習〈JLA図書館情報学
  テキストシリーズ 5〉大串夏身編著 1997 B5
  140頁 1200円 日本図書館協会 4-8204-9722-7
レファレンスサービス演習〈新図書館情報学シリ
  ーズ 6〉山本順一編著 1999 A5 220頁 2000円
  理想社 4-650-00556-6
レファレンスサービスと図書館の将来 図書館フ
  ォーラム編 1991 A5 48頁 680円 図書館フ
  ォーラム
レファレンスサービスの発達 ロススティーン,
  S.著 長澤雅男監訳 1979 A5 256頁 2300円
  日本図書館協会 4-8204-7901-6
レファレンス事例集 ―薬学図書館編― 日本薬学
  図書館協議会関東地区研究会編 1998 A4 80
  頁，FD1枚付 1429円 日本薬学図書館協議会
  （日本薬学会事務センター）
レファレンス・ワーク〈シリーズ・図書館の仕事
  14〉小田泰正編 1966 B6 236頁 1000円 日本
  図書館協会 4-8204-6600-3
レファレンス・ワーク 志智嘉九郎著 1984 A5
  278頁 2800円 日本図書館研究会
レフェレの研究 ―フランスにおける仮処分命令
```

3-4図　印刷物『日本書籍総目録 2001』書名編における調査

② CD-ROM版『日本書籍総目録2001』（3-5図）

　書名項目に'レファレンス'というキーワードを入力し，中間一致検索を選択する。発行年の項目に'1995'年'1'月と入力する。価格の項目に'1000'円〜'2000'円の数字を入力する。[実行]ボタンをクリックすると，6件の検索結果が書名の五十音順に一覧表示される。さらに，書名をダブルクリックすると詳細情報を見ることができる。

　CD-ROM版では，中間一致検索すると漏れのない検索ができる。

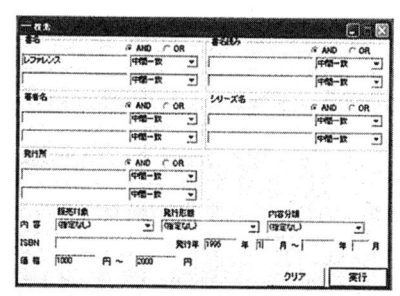

第3章　レファレンスツールの種類と特性　　　　　　　　　　　　　　　47

(1) 書名項目に'レファレンス'，発行年に'1995'年'1'月，価格項目に'1000'円と'2000'円を入力する。

(2) 該当文献の書誌データの表示。

3-5図　CD-ROM版『日本書籍総目録2001』における検索

③　Web版　Books.or.jp［本を探す］http://www.books.or.jp/（2004.5.10検索）（3-6図）

詳細検索画面で発行年は限定できるが，価格を入力する項目がないので，一覧表示の出力結果の税込価格の欄を目で見て該当文献を選択する。書名の項目

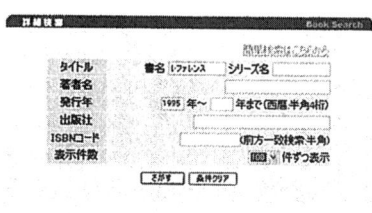

(1) 書名項目に'レファレンス'と入力し，発行年に'1995'を入力。

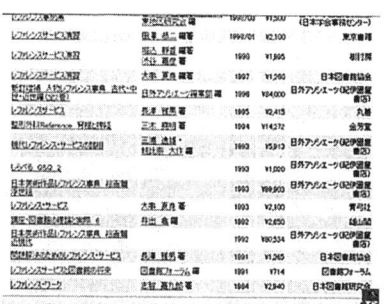

(2) 税込価格を見ていき，該当図書を探す。

3-6図　Web版　Books.or.jp［本を探す］における検索

に'レファレンス'というキーワードを入力すると，自動的に中間一致検索が実行される。

　以上，『日本書籍総目録』のメディアの違いを実際に比較すると，最も検索項目が多いのはCD-ROM版であり，検索機能も充実していることがわかった。

【事例3】　馬頭琴とはどのような楽器か知りたい。図あるいは写真，できれば音色も聴いてみたい。
　① 印刷物『世界大百科事典』1988（3-7図）
　索引の'馬頭琴'から該当ページを見る。あるいは見出し語としての'馬頭琴'を見ていくと馬頭琴に関する項目が見つかる。説明文および人が馬頭琴を持って演奏する様子の白黒の図（イラスト）を見ることができる。当然のことながら，印刷物であるため音色を聴くことは不可能である。

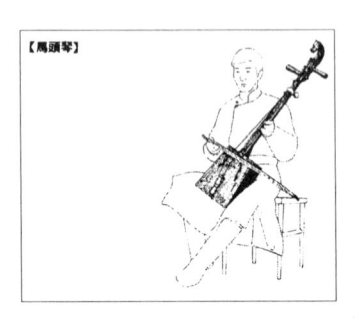

3-7図　印刷物『世界大百科事典』における調査

　② DVD-ROM版『世界大百科事典』1998（3-8図）
　『世界大百科事典』（日立デジタル平凡社　1998　プロフェッショナル版）は，CD-ROM版2枚組あるいはDVD-ROM版1枚に百科事典の内容が収録

されている。なお，DVD-ROM版の方が1枚であるので操作性はよい。

　メニューバーの「検索」には，索引検索，全文検索，項目グループ名検索，ビジュアル探索，例示探索，地球探索（歴史編）の6種類が用意されている。

　索引検索では，「で始まる」「で終わる」という前方一致検索か後方一致検索を選ぶことができる。キーワード入力のボックスに'馬頭琴'と入力し，「で始まる」という条件で［検索］ボタンをクリックすると，索引リストに1件表示される。それをクリックすると，'馬頭琴'の本文が画面に表示される。この文章は，1988年に出版された『世界大百科事典』の内容と全く同一である。

　図に示したように，キーボード入力の代わりに五十音の文字入力パッドも用意されており，キーボード入力ができない人でも検索ができるように配慮されている。

　本文中の青字の（イラスト）をクリックすると，馬頭琴を持った人物の白黒のイラストのウィンドウが開き，イラストをコピーしたり印刷することができる。このイラストは印刷物と同一である。本文中の"胡弓"という青字をクリックすると，'胡弓'の見出し語に飛び，本文を読むことができる。

　ツールバーの「関連項目」をクリックすると，リンク先が，『マイペディア』の'馬頭琴'，『世界大百科事典』の'胡弓'と'モンゴル音楽'，の3項目が表示される。『マイペディア98』は，マルチメディア型百科事典で，簡単な操作で利用できるように設計されたシステムである。『マイペディア98』からは，インターネット最新情報へのリンクも可能にしている。

　『マイペディア98』の'馬頭琴'では，簡単な本文の説明と，カラーの図が表示される。カラーの図は拡大もできる。さらに「モンゴルの馬頭琴演奏」という項目をクリックすると，演奏方法の簡単な解説と動画とともに10秒間の演奏を音で聴くことができる。

　全文検索を選択すると，キーワードを最大で五つ入力できるボックスが表示される。このボックスに'馬頭琴'と入力し「すべてを含む」で［検索］ボタンをクリックすると，項目リスト欄に'馬頭琴'と'モンゴル音楽'の2件が検索結果表示される。索引検索では検索されなかった'モンゴル音楽'をクリ

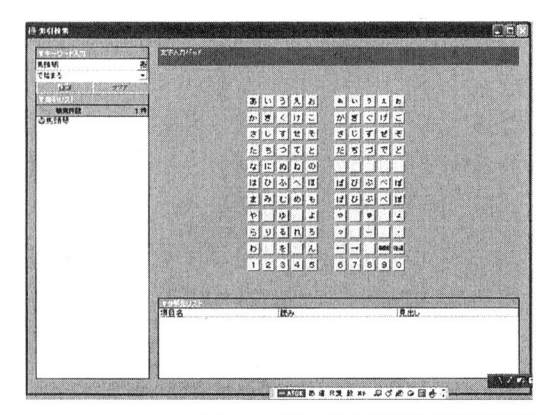

(1) 索引検索モードで，キーワード入力に'馬頭琴'を入力。検索結果1件。

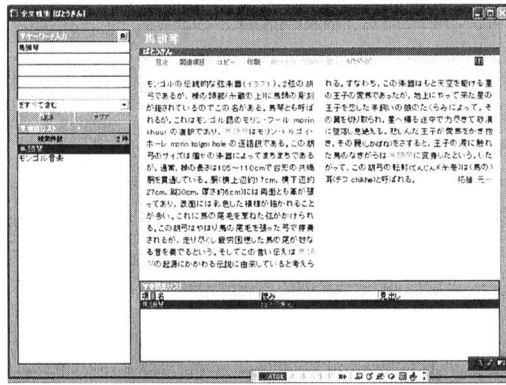

(2) 全文検索で'馬頭琴'を検索し，本文を表示。

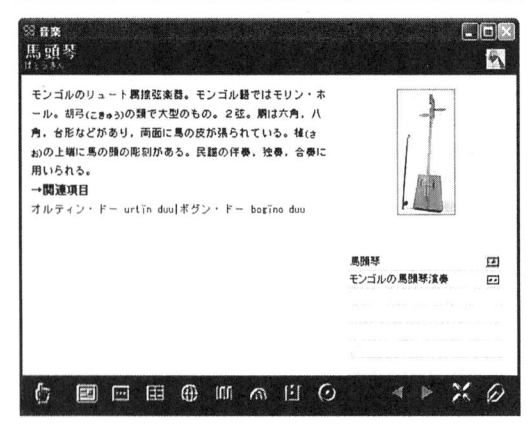

(3) マイペディアの説明文と図。

3-8図　DVD-ROM版『世界大百科事典』1998における検索

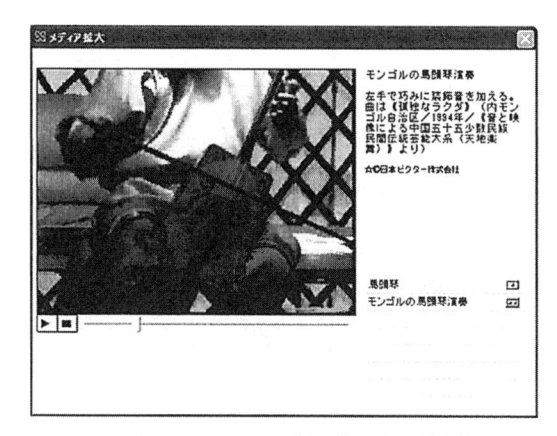

第 3 章　レファレンスツールの種類と特性　　　　　　　　　　　　　51

(4)　動画および10秒間の演奏。

3-8図　DVD-ROM版『世界大百科事典』1998　における検索　（つづき）

ックして本文を表示させると，本文中に'馬頭琴'という言葉が赤字でハイライトされていることがわかる。これは，印刷物では検索できないことである。

　また，音声読み上げ機能があり，子どもや視覚障害者にも利用できる。

③　Web版　ネットで百科@Home
　　http://ds.hbi.ne.jp/netencyhome/（2004.5.28検索）（3-9図）

　3分間の無料お試しでの検索をすることができる。ここでは，この無料お試しを利用した検索結果について述べる。

　検索には，「マイペディアサーチ」と「世界大百科事典サーチ」の2種類が用意されている。前者の検索では『世界大百科事典』DVD-ROM版の全文検索画面と同じ画面が表示され，キーワード入力に'馬頭琴'を入力すると，右側に'馬頭琴'と'モンゴル音楽'の二つの項目が検索結果として得られる。本文の解説は，DVD-ROM版と全く同一である。ただし，本文中の'馬頭琴'という文字が赤字でハイライトされている。イラストと'胡弓'が青字でリンクできるようになっている点も全くDVD-ROM版と同じである。

　以上，『世界大百科事典』の場合は，印刷物，DVD-ROM版，Web版の本文

(1) 全文検索で'馬頭琴'を入力して検索。
(2) 右側に本文を表示。

3-9図　Web版　ネットで百科@Homeの検索

と図は同一であった。しかし，『マイペディア98』の本文は簡単な解説になっており，図はカラーであり印刷物やDVD-ROM版とは異なっていた。演奏の動画は『マイペディア98』のみに収録されている。現在，CD-ROM版（DVD-ROM版）のプロフェッショナル版は製造されておらず，Web版の有料提供となり，1回利用から年間利用まで料金体系もそれぞれに応じて設定されている。

　一般に，印刷物と電子メディアを比較すると，3-1表のようなことがいえよう。これからの時代は，複数の異なる資料によるレファレンス質問の解決と同時に，同一タイトルの異なるメディアによる調査も必要である。また，印刷物でも版が異なると，『世界大百科事典』のように，1981年と1988年では本文や図が異なっているので，旧版と新版の両方を見ることも，ツールによっては必要であると考えられる。

第3章　レファレンスツールの種類と特性

3-1表　レファレンスツールのメディア比較

比較項目	印刷物	CD-ROM版・DVD-ROM版	Web版
使いやすさ	訓練を必要としない	多少使い方を知る必要がある	多少使い方を知る必要がある
保管スペース	大	小	不要
パソコン環境	不要	パソコンが必要	パソコンとインターネットの利用環境が必要
検索項目数	少	多	多
検索機能	目次，索引，見出し語から探す	完全一致のほか，トランケーションが使用できる。全文検索ができるので，本文中の言葉からも検索できる	完全一致のほか，トランケーションが使用できる。全文検索ができるので，本文中の言葉からも検索できる
本文の内容	電子メディアの版が印刷物の版のどの版に対応しているかどうかで，本文，図などに違いが見られる		
マルチメディア対応	文字・図・写真	文字・図・写真・動画・音声	文字・図・写真・動画・音声
関連項目への参照	少ない	必要に応じていくつでも設定できる	必要に応じていくつでも設定できる
内容の更新	一般に遅い（レファレンスツールの改訂は最速でも年1回が一般的である）	Webページへのリンク機能により，最新情報も入手可能	最新情報はWeb版が最も速い
利用者にとっての料金	所蔵している図書館で無料利用できる	所蔵している図書館で無料利用できる	図書館で無料利用できる場合もある。個人で利用する場合は，有料のものが多い

2. レファレンスツールの種類

　利用者の情報要求に回答を出すためのレファレンスツールには，大きく分けて二つのタイプがある。知りたい情報やデータが事実解説的に記述されていて回答が出せるタイプと，情報が収められている情報源の所在を知るための案内指示的なツールで，書誌に代表されるタイプがある。
　その種類は以下の図のように分けることができる。

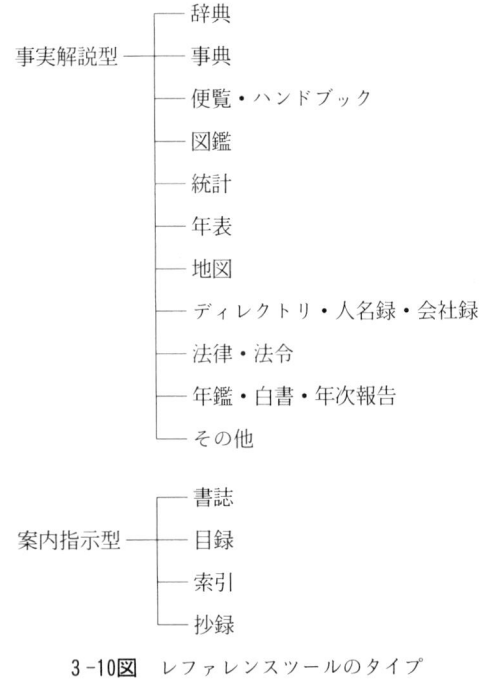

```
                    ┌── 辞典
                    ├── 事典
        事実解説型 ──┤── 便覧・ハンドブック
                    ├── 図鑑
                    ├── 統計
                    ├── 年表
                    ├── 地図
                    ├── ディレクトリ・人名録・会社録
                    ├── 法律・法令
                    ├── 年鑑・白書・年次報告
                    └── その他

                    ┌── 書誌
        案内指示型 ──┤── 目録
                    ├── 索引
                    └── 抄録
```

3-10図　レファレンスツールのタイプ

　質問への回答を的確に効率的に行うためには，各種情報源を使いこなす必要がある。そのためには，種類別の特徴，それぞれの使い方，同じタイプのタイトルごとの違いと特徴を理解していなければならない。質問があってはじめて利用するというのでは，うまく使いこなすことはできない。それぞれのタイプ

の代表的な情報源について，機会あるごとに利用し，常日頃から主題や範囲，収録範囲，利用法を熟知しておくとよい。利用を重ねるに従って，その長所，短所がわかってくる。また，質問の有る無しに関わらず，シェルフリーディングの折などに，一つひとつ手にとって中身を見ておくと，自分が扱える情報源の数が増えていく。

以下のような項目をチェックしていくとよい。

① 扱われている主題
② その種類の情報源
③ 項目の排列と構成
④ 索引の有無，種類，排列
⑤ 参考文献の有無
⑥ 凡例，利用の手引き
⑦ 典拠は何か

なお，レファレンスツールの評価については，第5章を参照されたい。

本章では，各種情報源の種類別特徴と，代表的なタイトルを示すが，印刷物の情報源を中心にリストアップしてある。電子的環境やコレクションの規模に左右されることなく，実際の演習ができるように考慮したためである。電子メディアの情報源については，CD-ROM版やDVD-ROM版とWeb版の有無，ネットワーク情報源については，基本的に無料で利用できるサイトに限定してある。

（1）事実解説型レファレンスツール

1）辞典（dictionary, lexicon）　レファレンスツールの中でも最も頻繁に利用されるタイプのツールである。辞典の種類は多い。辞典とは，「ことば」を一定の観点から収集・整理・排列して，その意味，語源，用法，用例，表記法，発音，等を明らかにするもので，ある国の語を説明する一ヵ国語辞典，ある国の語を他の国の語と対比させて意味などを解説した対訳辞典，三ヵ国以上の語を対比させてその表現や用法を解説した多国語辞典がある。

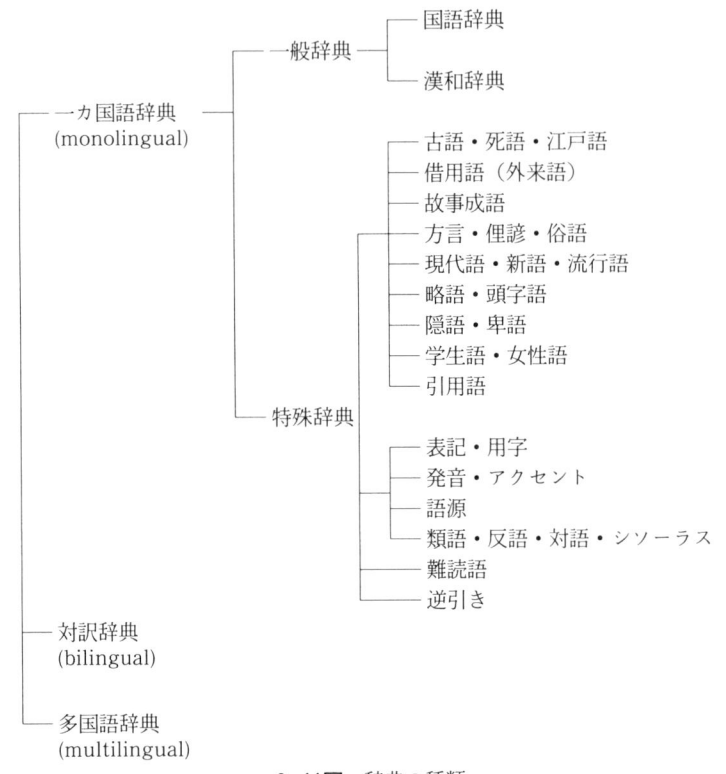

```
                    ┌─一般辞典─┬─ 国語辞典
                    │          │
                    │          └─ 漢和辞典
                    │
                    │          ┌─ 古語・死語・江戸語
   ┌─一ヵ国語辞典   │          ├─ 借用語（外来語）
   │ (monolingual)  │          ├─ 故事成語
   │                │          ├─ 方言・俚諺・俗語
   │                │          ├─ 現代語・新語・流行語
   │                │          ├─ 略語・頭字語
   │                │          ├─ 隠語・卑語
   │                │          ├─ 学生語・女性語
   │                │          ├─ 引用語
   │                └─特殊辞典─┤
   │                           ├─ 表記・用字
   │                           ├─ 発音・アクセント
   │                           ├─ 語源
   │                           ├─ 類語・反語・対語・シソーラス
   │                           ├─ 難読語
   │                           └─ 逆引き
   │
   ├─ 対訳辞典
   │  (bilingual)
   │
   └─ 多国語辞典
      (multilingual)
```

3-11図　辞典の種類

　一ヵ国語辞典は，一般辞典と特殊辞典に分けることができる。

　一般辞典　　普通辞典は，日常的かつ一般的に使用する語を中心に編集されたもので，国語辞典と漢和辞典の2種類がある。

　国語辞典とは，語を五十音順に排列し，「読み」から引く辞典である。ことばの意味，漢字の書き方，用例を知りたい場合に利用する。レファレンス質問を受けて，はじめに内容や意味の確認に簡便に利用できる。

　漢和辞典とは，語を字画順に排列し，漢字の画数や辞音，字訓から引く辞典である。「字引き」と呼ばれる。漢字の成り立ちや，読みがわからない場合に利用する。

　特殊辞典　　特殊辞典は，一般的ではない特殊なことばを収集した辞典で，

ことばの種類から，次のような種類がある。今は使われていない古語や死語，新しく登場した新語や流行語や学生語，外国語から日本語になった借用語（外来語），一地域で使用される方言や俗語，ことばの部分を集めた略語や頭字語，ある環境で使用される隠語，等がある。ことばのある観点から見た種類では，発音やアクセントを調べるもの，同じ意味のことばを集めた類語，同義語の統一および語と語の相互関連を示したシソーラス，語尾から引けるようにした逆引き，読み方の難しい語を集めた難読などがある。特に人名，地名には漢和辞典ではわからない特殊な読み方のものが多くある。

逆引き辞典と CD-ROM 版

「雨」は，読み方がさまざまあり，語頭と語尾によっても異なる。印刷物の逆引き辞書の場合，"読み方"の逆に排列している。たとえば，「春雨」は，「めさ」から引けるようにしてある。読み方がわからないと見つけるのが難しい。CD-ROM 版の場合「雨」の文字が用語のどの位置にあっても，検索機能（一致検索）で見つけることができる。「雨降り」は「あめふり」，「雨音」は「あまおと」のように"あめ""あま"となる。語尾にあれば，「五月雨」は「さみだれ」，「時雨」は「しぐれ」，「梅雨」は「つゆ」または「ばいう」，「菜種梅雨」は「なたねづゆ」，「小雨」は「こさめ」また「氷雨」は「ひさめ」，「驟雨」は「しゅうう」また「酸性雨」は「さんせいう」，「小糠雨」は「こぬかあめ」，また「雨」が中間にある「晴耕雨読」の例のように「雨」の字を含む用語を探し，読み方と意味を確認することができる。

（『広辞苑』第5版 CD-ROM 版を使用）

[国語辞典の例]

日本国語大辞典　第2版　小学館　2000-02　15冊
- 古代から現代に至る日本語の総体を凝縮した日本最大の国語辞書。50万項目，100万用例を収録。

広辞苑　第5版　岩波書店　1998　2988p.　CD-ROM 版，電子ブック版

逆引き広辞苑　第5版対応　岩波書店　1999　1242p.

大辞林　第2版　三省堂　1995　18,2784,13,109,3p.　CD-ROM 版
- 検索エンジン（http://www.infoseek.co.jp/，http://www.goo.co.jp/）から利用できる。

新編大言海　冨山房　1984　2254,87p.

国語大辞典　新装版　小学館　1988　2624p.
新潮国語辞典:現代語・古語　第2版　新潮社　1995　2328.116p.
新明解国語辞典　第3版　三省堂　1997　1557p.
岩波国語辞典　第6版　岩波書店　2000　1339.53p.

［漢和辞典の例］

大漢和辞典　修訂第2版　大修館書店　2000　15冊
- 正字，略字，俗字，国字などを網羅，熟語，故事名言，格言の他，人名，地名，動植物名，署名，事件名などを合せて包括的に収録。解説に用例，出典，挿図を加える。親文字5万字，熟語50万字，篆文1万字，図版2,800点。

広漢和辞典　大修館書店　1981-82　4冊
- 大漢和辞典を基礎に，親字約2万字，熟語約12万語を選び，国字，俗字，中国簡化字を加えている。引用した漢文に返り点，送り仮名，読み仮名を付している。「解字欄」では，音韻や字体の変遷が示される。

講談社新大字典　講談社　1993　3055p.
- 国字化した文字を収録。難読の地名，姓名を見出しにしている。篆書の形にまでさかのぼり字源を明らかにし，音については，漢音，呉音，唐音，日本古来の慣用音を採用。同音異義欄がある。

新明解漢和辞典　第4版　三省堂　1990　1283.144p.
角川漢和辞典　第2版　角川書店　1956　798.48p.
角川大字源　角川書店　1992　157.2221p.

［英語辞典の例］

Oxford English Reference Dictionary　2 nd ed.,rev. Oxford University Press 2002 xx,1765,16p.

Webster's New international Dictionary of the English language　復刻版　Hon-no-Tomosha 1995　3冊

［対訳辞典の例］

岩波英和大辞典　1970　2124p.
小学館ランダムハウス英和大辞典　第2版　小学館　1994　3185p.
オックスフォード・カラー英和大辞典　福武書店　1982　8冊
研究社新英和大辞典　第5版　研究社　1982　2477p.
研究社新和英大辞典　第4版　研究社　1974　2110p.
The Oxford-Duden pictorial Japanese & English dictionary　Oxford Univ. Press 1997　864p.

[古語辞典の例]

過去に使用されていたが，現在では普通語として使用されない言葉を収録する辞典をいう。

　角川古語大辞典　角川書店　1982-1999　5冊　CD-ROM版　2002
　時代別国語大辞典　上代編　三省堂　1967　58,904,190p.
　時代別国語大辞典　室町編　三省堂　1985-2001　5冊
　古語大辞典　小学館　1983　32,1936p.
　岩波古語辞典　補訂版　岩波書店　1990　17,1534p.
　上代語辞典　明治書院　1967　1161p.
　江戸語大辞典　新訂版　講談社　2003　1078p.
　江戸語辞典　東京堂出版　1991　1238p.
　近世上方語辞典　東京堂　1964　1213p.

[死語辞典の例]

　現代死語事典：わすれてはならない　続　朝日ソノラマ　1995　474p.
　現代死語事典：わすれてはならない　朝日ソノラマ　1993　388p.

[新語辞典の例]

現代語の中で，比較的近年になって使われ始めた新しい言葉や，特に現代の社会を映した言葉を収録する辞典をいう。

　現代用語の基礎知識　自由国民社　1948-　（年刊）CD-ROM版，電子ブック版
　イミダス：情報・知識　集英社　1987-　（年刊）コンピュータネットワーク版
　知恵蔵　朝日現代語　朝日新聞社　1990-　（年刊）CD-ROM版，電子ブック版

[外来語辞典の例]

他の言語の言葉が借用され，使用されるようになった言葉を収録する辞典をいう。新しいものは新語辞典からも得られる。

　角川外来語辞典　第2版　角川書店　1980　1643p.
　図解外来語辞典　角川書店　1979　797p.
　コンサイス外来語辞典　第4版　三省堂　1987　1231p.
　宛字外来語辞典　新装版　柏書房　1997　310,70p.
　日本語になった外国語辞典　第3版　集英社　1994　1192p.
　基本外来語辞典　東京堂出版　1990　1026p.

［方言辞典の例］

語彙，音韻，文法が標準語と異なる地域的な言葉を収録する辞典をいう。

全国方言辞典　東京堂出版　1975　881p.
日本方言大辞典　小学館　1989　3冊

［俗語・隠語辞典の例］

俗語は標準語に対してくだけた言葉をいい，隠語は特定の職業や社会層の人々が使用する仲間内の言葉をいう。

隠語辞典集成　大空社　1996-1997　23冊

［発音辞典の例］

言葉の発音やアクセントを示した辞典である。

日本語発音アクセント辞典　日本放送文化研究所　新版　1998　1023.226p.
全国アクセント辞典　東京堂出版　1993　950p.
明解日本語アクセント辞典　三省堂　2001　28.931.110p.

［類語辞典の例］

類似の意味をもつ同義語と，反対の意味をもつ反対語または対照語の辞典をいう。

類語辞典　東京堂出版　1995　746p.
角川類語新辞典　角川書店　1981　932p.
類語国語辞典　角川書店　1985　256.1309p.
類語大辞典　柴田武，山田進　講談社　2002　1495P.
反対語大辞典　東京堂出版　1966　365p.
反対語対照語辞典　東京堂出版　1989　464p.
Roget's Thesaurus of English words and phrases　150th ed.　Penguin Books
　　2002　lvii,1232p.

［諺・名句辞典の例］

故事俗信ことわざ大辞典　小学館　1982　1998p.
新編故事ことわざ辞典　創拓社　1992　1639p.
故事成語名言大辞典　大修館書店　1988　1335.116p.
中国故事成語辞典　角川書店　1979　636p.
中国古典名言事典　新装版　講談社　2001　1020p.

世界ことわざ大事典　大修館書店　1995　1312p.
英語諺辞典　三省堂　1978　1110p.
ギリシャ・ラテン引用語辞典　増補版　岩波書店　1952　1060p.

[略語辞典の例]

略語大辞典　第2版　丸善　2002　1609p.
英語略語辞典　第3版　研究社出版　1993　439p.

[難読語辞典の例]

漢和辞典には載らない特殊な読み方や珍しい読み方の言葉を収録する辞典をいう。地名や人名にはこの種の難読語辞典が多く見られる。

難訓辞典　東京堂出版　1956　579p.
難訓辞典　啓成社　2版　1933　424p.
実用難読奇姓辞典　増補新版　日本加除出版　1986　6479p.
人名よみかた辞典　姓の部　増補新版　日外アソシエーツ　1994　35,474p.
人名よみかた辞典　名の部　増補新版　日外アソシエーツ　1994　38,531p.
　・明治以降の日本人名から難読の姓・名，読み誤りやすい姓・名を採録。
西洋人名よみかた辞典　増補改訂版　日外アソシエーツ　1992　3冊
新訂同姓異読み人名辞典　日外アソシエーツ　2009　970p.
国立国会図書館著者名典拠録　第2版　国立国会図書館　1991　6冊
　・目録記入の標目として採用された明治以来の日本人著者名の典拠ファイル。
難読地名辞典　東京堂出版　1978　450p.
現代日本地名よみかた大辞典　日外アソシエーツ　1985　7冊

[用法辞典の例]

新用字用語辞典　第2版　日本放送出版協会　2001　661p.
必携用字用語辞典　第4版　三省堂　1992　550p.
状況分類別敬語用法辞典　東京堂出版　1999　298p.
あいさつ語辞典　新装普及版　東京堂出版　2001　392p.
慣用表現辞典：日本語の言い回し　東京堂出版　1994　280p.

[用語・語句索引の例]

特定の用語がどこにあるのかの典拠を知るため辞典。索引の役割をする。

聖書語句大辞典　教文館　1959　1483p.
新編国歌大観　角川書店　1983-1992　10冊　CD-ROM版 Ver.2　2003

[シソーラスの例]

専門分野の文献や記事の索引と検索に使用する統制語の語集をいう。
日経シソーラス　日本経済新聞社電子メディア局
医学用語シソーラス　医学中央雑誌刊行会
JICST科学技術用語シソーラス　科学技術振興機構

[その他の辞典の例]

数え方の辞典　小学館　2004　408p.

2) 事　典 (encyclopedia)　事典は，可能な限りあらゆる分野の主題について網羅的に盛り込むように編集される。ある事柄の，編集時までに判明している歴史的経過，現在の状況，統計データ，学説，等についてある程度まとまった情報を与えてくれる情報源である。ものや事柄を表す用語や事項名を集めて，一定の順序に排列してある。

レファレンス質問の内容確認や，概念の把握のために，概略を知るのに有効な情報源となる。

事典は，百科事典と，専門事典に分けることができる。

百科事典　百科事典は，収録分野によって次のように分けることができる。全分野の事柄を収録しているのが総合百科事典で，通常百科事典といえばこれを指していうことが多い。特定分野に限定してその分野の事柄を収録するのが主題百科事典，ある地域に関する歴史，風土，人物，社会，動植物，風俗・習慣を収録するのが地域百科事典である。

百科事典は，包括的かつ網羅的に情報を盛り込むため，多面的に解説するように配慮し編集する。その編集方針により，大項目主義の事典と小項目主義の事典がある。

大項目主義は，ある事柄について，それまでに得られた知識を大きな主題でまとめ，系統的に知識を得られるように編集してある。一項目あたり数ページから項目によっては数十ページにわたることもある。したがって，収録される項目数は少ない。まとまった情報を得るのに適しているが，知りたい事柄が，どの大項目の下に記述されているかは索引から導かれることになるので，索引

の良し悪しはその百科事典の使い勝手を左右する。

　小項目主義は，比較的概念の小さい独立の項目を集め，一覧できるように編集したもので，知りたい事柄を簡便に見つけるのに便利であるが，系統的に知識を得るためには，複数の項目を調べる必要がある。知識情報を比較的早く提供することができる。大項目と小項目の中間的なものもある。

　百科事典は，出版社や編集者により編集方針や収録範囲に違いがあり，それぞれに特色がある。一項目の説明が長いもの，短いもの，図版や写真の多いもの，少ないもの，執筆者名の有無，参考文献の有無，他には見られない記述やデータがある，等の違いがあるので，複数の百科事典を引きくらべるとよい。

　調べたい項目名や探索語が，百科事典が用いている項目や見出しと一致しない場合や，ある項目が別項目の中に含まれて説明されている場合がある。また，分野によって大きく分類してその中で音順などに排列している場合がある。そのために，見出しになっている項目，また見出しにはなっていないが，その項目がどの項目に説明されているか，関連する項目は何であるかがわかるように，大部な百科事典には独立の索引巻がある。索引には本体の見出し項目にはない用語から，それらがどの巻に収録されているか参照が出ているので，検索語を見つけるには索引を利用するとよい。

　百科事典が出版された後の新しい情報を補足するために，補遺として年鑑を発行している。これを百科事典年鑑という。

百科事典の引きくらべ

　異なる出版社の百科事典または専門事典を引きくらべてみよう。項目名，内容の読みやすさ，文章の量（字数，行数，ページ数など），図版や写真の有無，参考文献の有無と紹介，執筆者名の有無，索引の使いやすさなどについて，比較する。利用した事典の書名，出版社，出版年，版次などを記録しておく。

〈演習問題〉

1. 兜　2. 十二単　3. かげろう　4. 書院　5. 奈良の大仏　6. 女形　7. 駕籠　8. 砂漠　9. 万葉仮名　10. エベレスト　11. 蹴鞠　12. 牛車　13.

伊勢神宮　14. サッカー　15. 束帯　16. 鉄砲　17. 梅雨　18. 勾玉　19. 正倉院　20. 食（天文関係）　21. 地球　22. パンドラ（の箱）　23. 恐竜　24. とりかぶと（植物）　25. バイオリン　26. 世界遺産　27. 紅型　28. シルクロード　29. 縄文時代　30. パルテノン神殿　31. 纏　32. 百万塔陀羅尼　33. グーテンベルグ42行聖書

［百科事典の例］

世界大百科事典　平凡社　1988　35冊　CD-ROM版　1996，DVD-ROM版　1998
- 大中小項目を織り交ぜ約7万項目を五十音排列。専門的で詳しい解説。執筆者の署名付き。索引，地図（1991）百科年鑑，百科便覧4訂版（2003），アルマナック（2000）。

日本大百科全書　第2版　小学館　1994-1997　26冊　CD-ROM＋電子ブック版　1996
- 約13万項目の小項目を五十音排列。生活・文化分野は大項目でまとめる。写真・地図・図表など多数挿入。色彩豊か。必要に応じて解説末尾に参考文献あり。

スーパー・ニッポニカ　小学館　2000-2003
- 日本大百科全書＋国語大辞典のDVD-ROM版。

ブリタニカ国際大百科事典　第3版　TBSブリタニカ　1996　28冊
- 底本は *New Encyclopedia Britannica*。大項目20冊と小項目のレファレンスガイド6冊。第28巻は参考文献。補遺として国際百科年鑑。

ブリタニカ国際大百科事典：現代用語収録　電子ブック小項目版　CD-ROM＋電子ブック　1997

講談社大百科事典 Grand Universe　講談社　1977　28冊
- 第1巻はテーマ別ガイドブック。小項目主義の学習百科事典。重要項目についてはページを割いている。

専門事典　専門事典には，特定の分野の知識や情報を専門的な観点から詳しく解説した専門主題事典，ある特定分野に関する術語および用語について簡略に説明してある専門用語事典，ある特定分野に関する用語を集めた専門用語集がある。調べたい主題がはっきりしている場合は，百科事典では得られないより専門的な情報が得られるその分野の専門事典を探すのがよい。

[分野別の専門事典の例]

哲学事典　改訂新版　平凡社　1971　1697p.
現代哲学事典　講談社　1970　719p.　大項目主義
岩波哲学・思想事典　岩波書店　1998　1929p.
西洋思想大事典　平凡社　1990　5冊
心理学事典　新版　平凡社　1981　980p.
実例心理学事典　新訂版　青土社　1996　289p.
神道大辞典　複製版　臨川書店　1969　3冊
望月仏教大辞典　増訂版改訂　世界聖典刊行協会　1973-1981　10冊
世界キリスト教百科事典　教文館　1986　1033p.
世界宗教大事典　平凡社　1991　2191p.
新カトリック大事典　研究社　1996-刊行中　2000年に3巻
世界考古学事典　平凡社　1979　2冊
世界歴史大事典　新装版　教育出版センター　1991-1992　22冊
　・学習者向き。各項目署名入り。挿絵多用。参考文献あり。
國史大辞典　吉川弘文館　1979-1997　17冊
　・考古学，人類学，民俗学，国文学，美術，宗教などの分野について歴史的側面からの研究成果を収める。小項目の事典。解説に署名。豊富な図版，系図，諸表。参考文献もある。別巻に日本史総合年表。
日本歴史大辞典　河出書房新社　2000-2001　4冊
　・あらゆる分野の歴史的事項，事件，人名，作品について，五十音排列の小項目主義事典。
日本史大事典　平凡社　1992-1994　7冊
角川日本史辞典　新版　角川書店　1997　1468p.
新編西洋史辞典　改訂増補　東京創元社　1993　1180p.
日本年中行事辞典　角川書店　1977　819p.
事物起源辞典　新装版　東京堂出版　2001
年中行事辞典　東京堂出版　1958　922p.

社会科学大事典　鹿島研究所出版　1968-1971　20冊
現代政治学事典　新訂版　ブレーン出版　1998　1223p.
現代法律百科大辞典　ぎょうせい　2000　8冊　付録にCD-ROM
　・平成11(1999)年9月現在の法令に基づき図表，書式を織り込んで法律用語の解説。
図解による法律用語辞典　補訂版　自由国民社　2003　63,1205p.

- 平成13(2001)年4月1日現在の法令に基づく。

六法全書　有斐閣　（年刊）
経済学大辞典　第2版　東洋経済新報社　1980　3冊
- 大項目と中項目で解説。参考文献を添える体系的辞典。

経済学辞典　第3版　岩波書店　1992　31,1500p.
- 中項目・小項目併用。

新社会学辞典　有斐閣　1993　9,1726p.
新教育学大事典　第一法規出版　1990　8冊
現代教育学事典　労働旬報社　1988　876p.
日本民俗大辞典　吉川弘文館　1999-2000　2冊
- 約6,000項目について署名入り解説。挿図，原色図版を収録。

日本民俗語大辞典　桜楓社　1983　1432p.
文化人類学事典　弘文堂　1994　935p.

世界科学大事典　新装版　講談社　1979-1985　21冊
岩波理化学辞典　第5版　岩波書店　1998　1854p.
インタープレス科学技術25万語大辞典　全面改訂版　インタープレス社　1986　2冊
インタープレス科学技術25万語活用大辞典　インタープレス社　1984　2冊
インタープレス科学技術熟語表現大辞典　インタープレス社　1984　2冊
マグローヒル科学技術用語大辞典　改訂第3版　日刊工業新聞社　2000　2071,394p.
岩波数学辞典　第3版　岩波書店　1985　1609p.
数学辞典　朝倉書店　1993　650p.
物理学辞典　改訂版　培風館　1992　2565p.
化学大辞典　共立出版　1963-1964　10冊
化学大辞典　東京化学同人　1989　2755p.
カーク・オスマー化学大辞典　丸善　1988　23,1509p.
オックスフォード天文学辞典　朝倉書店　2003　494p.
地学事典　新版　平凡社　1996　2冊
岩波生物学辞典　第4版　岩波書店　1996　2027p.
- 約11,160の小項目。比較的詳細な解説。付録にウイルス分類表，生物分類表，代謝経路図，細胞の構造と機能など。

医科学大事典　講談社　1982-1983　51冊
- 医学と関連分野の事項と人名を収録する膨大な事典。豊富な挿図。

廣川ドーランド図説医学大辞典　第28版　広川書店　1998　3648p.

ステッドマン医学大辞典　改訂第5版　メジカルレビュー社　2002
南山堂医学大辞典　第18版　南山堂　2001　2663,5p.　付録にCD-ROM
最新医学大辞典　第2版　医歯薬出版　1996　2333p.
看護学事典　日本看護協会出版会　2003　837p.

建築大辞典　第2版　彰国社　1993　2090p.
図説電気工学大事典　電気書院　1963-1973　24冊

服装大百科事典　増補版　文化出版局　1986　3冊
農学大事典　新編　養賢堂　2004　42,1786p.
園芸植物大事典　小学館　1988-90　6冊
講談社園芸大百科事典　講談社　1980-1981　13冊

新潮世界美術辞典　新潮社　1985　1647, 149p.
世界美術大事典　小学館　1988-1990　6冊
音楽大事典　平凡社　1981-1983　6冊
標準音楽辞典　新訂　音楽之友社　1991　2冊
ニューグローブ世界音楽大事典　講談社　1993-1995　23冊
演劇百科大事典　早稲田大学演劇博物館編　平凡社　1960-62　6冊
歌舞伎事典　新訂増補　平凡社　2000　509,20p.
最新スポーツ大事典　大修館書店　1987　2冊.

応用言語学事典　研究社　2003　972p.
日本語学辞典　新版　おうふう　1994　314p.
国語学大辞典　東京堂出版　1993　1253p.

集英社世界文学大事典　同編集員会編　集英社　1996-1998　6冊
新潮日本文学辞典　新潮社　1988　1756p.
日本古典文学大辞典　岩波書店　1983-1985　6冊
日本文学大辞典　増補改訂版　新潮社　1950-52　8冊
　・古典，明治以降大正末までの文学，芸術，歴史，民俗学など大項目で解説。
日本近代文学大事典　講談社　1977-78　6冊
新潮世界文学辞典　増補改訂版　新潮社　1990　1918p.

オンライン学術用語集　国立情報学研究所　http://sciterm.nii.ac.jp/
　・22分野，約13万語の学術用語集の横断検索サービス。

地名事典（geographical dictionary）　地名事典は，地名，山名，川名などを見出しとして，読み方，地理上の位置，人文地理，自然地理上の特徴・歴史・語源などを解説する。

［地名事典の例］

世界地名大事典　朝倉書店　1973-1974　8冊

角川日本地名大辞典　角川書店　1978-1991　51冊　CD-ROM版　2002
・古代から近代までの地名を解説。別巻は，日本地名資料集成と日本地名総覧。難読地名一覧を含む。

日本歴史地名大系　平凡社　1979-　51冊
・歴史的に由緒ある地名について，典拠文献を示して解説。各巻に文献解題。難読地名索引あり。

大日本地名辞書　増補版　冨山房　1992　8冊
・国郡，郷壮，村里，社寺，山川などの地名について，文献を典拠にして歴史的，民俗学的側面から解説。

人名事典（biographical dictionary）　人名事典は，人名を見出しとして，別名，生没年，経歴，業績などを取り上げて，伝記的に解説したもの。肖像や著作をつけるものも多い。著名な活動をした人物，歴史上の有名な人物を収録している。伝記事典ともいう。

［人名事典の例］

世界伝記大事典　世界編　ほるぷ出版　1980-1981　13冊

世界伝記大事典　日本・朝鮮・中国編　新訂版　ほるぷ出版　1990　6冊
・*McGraw-Hill Encyclopedia of world Biography*の翻訳を基礎にして東洋人を大幅に増補。肖像を添える。

岩波西洋人名辞典　増補版　岩波書店　1995　1962，282p.
・中国や日本に関係の深い西洋人に重点。若干の架空人名，神名を含む。人名の原綴り，生没年，著作を添える。

来日西洋人名事典　増補改訂版　日外アソシエーツ　1995　700p.

日本人名大事典　平凡社　1979　7冊

新潮日本人名辞典　新潮社　1991　2086p.
・解説は比較的詳しい。時として肖像を添付。

朝日日本歴史人物事典　朝日新聞社　1994　2462p.

国書人名辞典　岩波書店　1993-99　5冊
・国書総目録に収録の約3万人の生没年，号，家系，経歴を解説。

[レファレンス事典の例]

新訂増補人物レファレンス事典　古代・中世・近世編，明治・大正・昭和（戦前）編，昭和（戦後）・平成編　日外アソシエーツ　1996-2007
・日本国内で刊行された主な人物事典，百科事典，歴史事典などから，それぞれの対象期間に活動し業績を残した人物を対象に，誰が，どの事典に収録されているかわかるツール。生没年や活動時期職業も記載されているので，人物同定に役立つ。
姉妹編として，外国人物レファレンス事典　20世紀編，古代-19世紀編がある。

3）便　覧（handbook, manual）　便覧は，事柄を体系的に排列して解説する事典と区別がつきにくいが，ある主題に関する実用的な知識を得るために，実例，統計，図版，諸表，公式や化学式などを用いて術語，事項を理論と実際の両面から解説してあるものをいう。

タイトルに使用されている名称には，便覧，ハンドブック，要覧，総覧，必携，マニュアル，ガイドブック，手引き，データブック等がある。

[便覧の例]

図書館情報学ハンドブック　第2版　丸善　1999　1145p.
図書館ハンドブック　第5版　日本図書館協会　1990　619p.
日本史総覧　新人物往来社　1983-1986　9冊
・日本史研究の際に参照する各種データを系図，一覧表，系譜，索引にまとめ，時代別，主題別に収録。
読史備要　講談社　1966　2154p.
・年表，暦朝，武家，官職制，神社仏寺，年中行事などの一覧表，各種系譜，付録に干支早見盤，方位・時刻対照表など。内外書籍版（1942）の複製。
最新世界各国要覧　11訂版　東京書籍　2003　447p.
・世界各国の地理，風土，気候，政治，経済，社会，文化などについて，日本との関わりを記述。主要国際機関要覧，主要略語表など。
国土行政区画総覧　新訂版　2002-　7冊（加除式）
・全国の行政区画の変遷と現状，公共機関を示す。全国市制地合併併合一覧表，市町村変遷一覧表，市町村新旧対照表，人工統計表からなる。

国土地理院の地理情報の閲覧・提供サービス　http://www.gsi.go.jp/
全国市町村要覧　第一法規　1963-　（年刊）
　・国勢調査人口，世帯数，面積，人口密度，産業別就業人口，等について市町村の変遷と現状を示す。
地方公共団体総覧　ぎょうせい　1972-　12冊（加除式）
　・地勢，歴史，あゆみ，行政施策の重点事項，行政機構，公共施設，文化・観光施設など。
日本民俗芸能事典　第一法規出版　1976　1005p.
　・民俗芸能，祭礼980件を都道府県別に排列し，それぞれについて写真を添えて解説。
生物学ハンドブック　朝倉書店　1987　648p.
　・写真と図を用いて基礎的事項と専門用語を解説。

［統計を中心にした便覧の例］
日本国勢図会　国勢社　1928-　（年刊）　CD-ROM版　'97/98-
　・各種の統計を用いて国内の情勢を解説。
明治大正国勢総覧　東洋経済新報社　1975　50,764p.
　・明治大正の各種の統計データを多数の統計資料から採録。経済関係データに重き。
完結昭和国勢総覧　東洋経済新報社　1991　4冊
　・昭和元(1926)年から昭和63(1988)年までの経済，産業，政治，社会，軍事，植民地関連の諸統計を整理。
民力　朝日新聞社　1959-　（年刊）　CD-ROM版　1989・1997-
　・日常生活に関係の深い統計データ。
理科年表　東京天文台　丸善　1924-（年刊）　CD-ROM版　1996-
　・日常生活に必要なデータを暦，天文，気象，物理・化学，地学，生物の6部構成で，それぞれの数値，図表，統計を収録。付録に公式，数表。
統計データ・ポータルサイト　総務省統計局　http://portal.stat.go.jp/

4）図　鑑（pictorial book）　図鑑は，各種の事物の写生画，写真，図版などを多数収集し，一定の方針のもとに編集して，それぞれに統一した形式の記述的な解説を付けたもので，図解や写真が主体となっているものが多い。対象とされるのは，動物，昆虫，植物，鉱物，天体・宇宙などの自然物のほか，乗り物，機械，歴史上の遺跡・遺物，家具・民具，美術工芸品など多様である。

タイトルに使用される名称には，図鑑，図録，図譜，図解，図説，図集，写真集などがある。

［図鑑の例］

　国史人図鑑　吉川弘文館　1932-1934　6冊
　日本考古学図鑑　新訂2版　吉川弘文館　1975　176, 43p
　図説日本文化史大系　改訂新版　小学館　1965-1968　14冊
　　・日本史関係の事件，記録類，主要人物の肖像などについて，縄文・弥生・古墳時代から現代までを扱っている。
　日本史図録　吉川弘文館　1964-1966　4冊
　有職故実図鑑　東京堂出版　1971　336p
　　・有職故実とは朝廷，武家の礼式や官職等に関する決まりのことで，本書は服飾，甲冑，殿舎などを扱った写真資料集である。
　図説世界文化史大系　角川書店　1958-1961　27冊
　　・東洋史，西洋史関係の図版を数多く収載している。
　日本家紋総鑑　角川書店　1993　47,1357p
　世界の国旗　最新版　学習研究社　2002　231p
　図録日本の貨幣　東洋経済新報社　1972-1976　11冊
　史料館所蔵民族資料図版目録　文部省史料館　1967-1972　5冊
　絵による服飾百科事典　岩崎美術社　1971　603p
　原色鉱物岩石検索図鑑　北隆館　1964　344p
　原色牧野植物大図鑑　北隆館　1996-1997　2冊　CD-ROM版　2000
　　・合弁花・離弁花編と離弁花・単子葉植物編の2巻からなる。全部で約5,100種を収載しており，2000年にはCD-ROM版も発行されている。
　原色世界植物大図鑑　北隆館　1986　14, 902p
　原色動物大図鑑　北隆館　1957-1960　4冊
　　・「Ⅰ．背椎動物の哺乳綱・鳥綱・爬虫綱・両棲綱」「Ⅱ．背椎動物の魚綱・円口綱，原索動物」「Ⅲ．棘皮・毛顎・前肛・軟体動物」「Ⅳ．節足および無脊椎動物の下等部門に属するもの」の4巻からなる。
　原色魚類大図鑑　北隆館　1987　46, 1029p
　魚の分類の図説：世界の魚の種類を考える　東海大学出版会　1999　155p
　原色昆虫大図鑑　北隆館　1959-1965　3冊
　原色日本鳥類図鑑　新訂増補版　保育社　1983　xv, 261p
　園芸植物大事典　小学館　1988-1990　6冊

野草大図鑑　北隆館　1990　727p
全国桜の名木100選　家の光協会　2002　207p
　・国・県・市町村が指定する天然記念物を中心に、全国の名桜100点をカラー写真で紹介。樹種・樹齢・いわれ・交通・見頃などのデータも収録している。
日本のきのこ　山と溪谷社　1988　623p
日本郵便切手・はがき図録　1871-1971　吉川弘文館　1971　445p
さくら日本切手カタログ　日本郵趣協会　1967-　（年刊）
国宝大事典　講談社　1985-1986　5冊
マルシェ：料理材料大図鑑　講談社　1995　637p
音楽史大図鑑　増補　音楽之友社　1983　620p
マルチメディア図鑑シリーズ　CD-ROM版　アスキー　1995-
植栽データ図鑑　グリーンサイト　http://www.green-site.com/frame.html
デジタル植物園　京都新聞社
　　http://www.kyoto-np.co.jp/kp/koto/96plant/new.plant.html
ハイパー植物図鑑　花と緑の博覧会協会
　　http://www.fb.u-tokai.ac.jp/WWW/hoshi/plant/plant.html
東京ズーネット　東京動物園協会　http://www.tokyo-zoo.net/
インターネット図鑑『自然界』　ナレッジリンク
　　http://www.knowledgelink.co.jp/

5）年　表（chronological table, chronology）　年表は、年代順あるいは月日順に、関連する事項、事件名、社会的現象を取り上げて列挙し、編年体の表形式に編成したものである。年代の面から各種の情報が探し出せるようになっており、それらの事項などを解説しているものもある。総合年表と専門年表、通史的年表と時代史的年表とがある。事象・事件などの出典となった文献を挙げているものもある。タイトルに使用される名称には、年表、年代記、年譜、クロニクル等がある。

［年表の例］
日本暦西暦月日対照表　日外アソシエーツ　1987　vii, 291, 12p
世界史大年表　山川出版社　1992　29, 698, 66p
日本文化総合年表　岩波書店　1990　v, 596p　CD-ROM版
　・古代から1988年までを対象とし、政治・社会、学術・宗教、芸術・芸能、文学、

人事,国外に関する事項を解説している。『近代日本総合年表』のデータも合わせた CD-ROM 版『岩波電子日本総合年表』が発行されている。

近代日本総合年表　第4版　岩波書店　2001　x, 807p　CD-ROM 版, 電子ブック版
- 嘉永6(1853)年から平成12(2000)年までを対象とする日本近現代史年表。『日本文化総合年表』のデータも合わせた CD-ROM 版『岩波電子日本総合年表』と,昭和史部分(1926-1989年)だけを抜き出した音声・グラフィックデータ収録の『電子ブック　データベース昭和史』が発行されている。

日本史総合年表　吉川弘文館　2001　iii, 1109p
社会・労働運動大年表　新版　労働旬報社　1995　2冊
MARUZEN 科学年表：知の5000年史　丸善　1993　v, 580p
情報の歴史：象形文字から人工知能まで　増補版　NTT 出版　1996　449p
原色図典日本美術史年表　増補改訂第3版　集英社　1999　xi, 579p
西洋音楽史年表　音楽之友社　1997　346p
日本文学大年表　新版　おうふう　2002　731p
世界歴史文化年表　CD-ROM 版　グローバルメディア　1997
中西正和歴史年表　CD-ROM 版　ソフトヴィジョン　2001
データベース20世紀年表　東京大学東洋文化研究所田中明彦研究室
　http://www.ioc.u-tokyo.ac.jp/~worldjpn/
歴史データベース on the Web　中西正和, ソフトヴィジョン
　http://macao.softvision.co.jp/dbpwww/

6) 統　計 (statistics)　統計は,統計調査結果を広報する目的でまとめられたもので,あらゆる分野にわたる基本的統計を収録した統合的な性格のものと,分野を限定したものとがある。また,統計作成機関発行のものと,他機関発行のものとがある。定期的に発行され,年単位にまとめられる場合が多い。統計データが多く収録されている便覧,年報類を含む。

[統計年鑑の例]

国際連合世界統計年鑑　原書房　1953-　(年刊)　CD-ROM 版　1994-　(年刊)
- 1948年版以来,国連から刊行されている統計年鑑 *Statistical Yearbook* の邦訳。

Statistical Yearbook　United Nations　1949-　(年刊)
ユネスコ文化統計年鑑　原書房　1981-　(年刊)
世界の統計　財務省印刷局　1994-　(年刊)　FD 版

・主として国連の諸統計を原典とする。内閣統計局から戦前に出ていた『列国国勢要覧』を前身とし，1951-1952年までは『国際統計要覧』，1953年は『世界の統計グラフと解説』，1954-1993年までは『国際統計要覧』として刊行。

世界国勢図会　国勢社　1985-　（隔年刊）
　CD-ROM　富士通ラーニングメディア　'98/99-
現代アメリカデータ総覧　原書房，東洋書林　1990-　（年刊）
日本統計年鑑　日本統計協会　1950-　（年刊）　CD-ROM版，Web版
・国土，人口，経済，社会，文化などあらゆる分野の基本的な中央官庁統計を体系的に収録した，わが国の最も包括的で基礎的な総合統計書。統計局Webサイトでも参照できる。
　CD-ROM　統計情報研究開発センター　45回（平8，1996）-50回（平13，2001）
・CD-ROM（-48回（平11））からCD-R（49回（平12）-50回（平13））へ媒体変更。51回（平14）以降は印刷物の付録となる。
日本の統計　財務省印刷局，日本統計協会　1956-　（年刊）　Web版
・『日本統計年鑑』のダイジェスト版。統計局Webサイトで参照できる。
日本アルマナック　教育社　1984-1992　（隔年刊）
日本国勢図会　国勢社　1928-　（年刊）
　CD-ROM　富士通ラーニングメディア　'97/98-
民力　朝日新聞社　1959-　（年刊）　CD-ROM　1989/1997年版-

[人口統計の例]

人口動態統計　厚生労働省　（毎年）　CD-ROM版　明治32年-平成9年（1899-1997）厚生省大臣官房統計調査部　[1999]　CD-ROM25枚

[歴史統計，累年統計の例]

マクミラン世界歴史統計　原書房　1983-1985　3冊
・「Ⅰ．ヨーロッパ篇1750-1975」「Ⅱ．日本・アジア・アフリカ篇」「Ⅲ．南北アメリカ・大洋州篇」の各編からなる。原書は次の3点である。
　European Historical Statistics, 1750-1975　2 nd rev. ed.　Macmillan　1980　xx, 868 p
　International Historical Statistics, Africa and Asia　Macmillan　1982　xx, 761 p
　International Historical Statistics, the Americas and Australasia　Macmillan　1983　xvii, 949 p
日本長期統計総覧　日本統計協会　1987-1988　5冊

[統計索引の例]
統計情報インデックス　日本統計協会　1992-　(年刊)
・2003年版では，約1,100冊の主要な統計刊行物を収録。必要な統計データがどの刊行物に掲載されているかを調べることができる。
日本統計索引　日外アソシエーツ　1975-1976　2冊
統計調査総覧　全国統計協会連合会　1975-　(年刊)
海外統計資料目録　日本貿易振興会海外経済情報センター情報サービス部　1996-1997　2冊
IIS：*index to international statistics：a guide to the statistical publications of international intergovernmental organizations*　Congressional Information Service　1984-　(年刊)

[各種統計の例]
U.S. Census Bureau　U.S. Department of Commerce　http://www.census.gov/
統計局ホームページ　総務省統計局　http://www.stat.go.jp/
統計データ・ポータルサイト　総務省統計局　http://portal.stat.go.jp
統計GISプラザ　総務省統計局　http://gisplaza.stat.go.jp
電子政府の総合窓口—統計調査結果　総務省行政管理局
　http://www.e-gov.go.jp/link/statistics.html
統計—経済産業省　経済産業省　http://www.meti.go.jp/statistics/index.html
財務省／統計資料　財務省　http://www.mof.go.jp/siryou.htm
国土交通省／統計情報　国土交通省
　http://www.mlit.go.jp/toukeijouhou/toukei-jouhou.html
日本銀行　日本銀行　http://www.boj.or.jp/
NIKKEI NET：景気ウオッチ　日本経済新聞社　http://www.nikkei.co.jp/keiki/
NIKKEI NET：日経調査　日本経済新聞社　http://www.nikkei.co.jp/report/
インターネット提供の民間統計集　全国統計協会連合会
　http://www.nafsa.or.jp/home/0801.html

　7）地　図 (map, atlas)　　地図（map）は，地球の表面の現象などを一定に縮尺し，記号や文字を用いて平面上に表現した図である。多くの地図を合わせて，冊子の形に綴じたものを地図帳（atlas）という。通常，地図帳には地名索引が付けられている。地形や集落を表示する地図からなる一般地図帳と，各種の主題に関連する地図からなる専門地図帳に大別できる。

［一般地図帳の例］

世界大地図帳　6訂版　平凡社　2003　xv, 340p
The Times comprehensive atlas of the world　=　タイムズ世界地図帳　11th ed.
　　Times Books, Yushodo　2003　1 atlas (67, iii, 125 [i.e. 249], 223 p.)
日本地図帳　2版　昭文社　2003　255p
日本大地図帳　6訂版　平凡社　2002　xx, 237p
MAPQUEST　MapQuest　http://www.mapquest.com/
Mapion　サイバーマップ・ジャパン　http://www.mapion.co.jp/

［専門地図帳の例］

朝日＝タイムズ世界歴史地図　朝日新聞社　1979　360p
三省堂世界歴史地図　三省堂　1995　375p
　・Histoire de l' humanité. 3 e éd. の翻訳。現代までの世界史の流れを，地図，絵，写真などの図版とともに解説している。
日本歴史地図　全教図　1977　482p
　・昭和31(1956)年出版の復刻版。万葉集歌謡地名索引，一般索引，外国地名索引，主要遺跡・遺物地名表，日本暦元号表，現代日本地図が付されている。
日本国勢地図　新版　日本地図センター　1990　218p　CD-ROM版　1997
　・自然，気候，人口など14項目にわたる235種の地図からなる。平成9(1997)年に刊行されたCD-ROM版では，統計数値を可能な限りアップデートしている。
ゼンリン住宅地図　ゼンリン　随時改訂
地価公示　大蔵省印刷局　1970-　(年刊)　CD-ROM版　1999-
　・平成13(2001)年以降の発行は財務省印刷局，平成15(2003)年以降の発行は独立行政法人国立印刷局による。平成14年版以降は付属資料としてのCD-ROM版がある。

8）ディレクトリ（directory）　ディレクトリは，人名や団体をリストアップしたもので，それぞれ人名鑑，団体名鑑ともいう。名称および所属や連絡先の羅列で，解説的記述はわずかなものが普通である。人名鑑では現在各方面で活躍中の人物が取り上げられることが多い。人名典拠録は，人名の表記や読み方を調べるのに便利である。

［人名典拠録の例］

国立国会図書館著者名典拠録：明治以降日本人名　第2版　国立国会図書館　1991

6冊　CD-ROM版　2000年版
- 明治以来の日本人著者名の典拠録。国立国会図書館の開館から平成3 (1991)年3月までに同館の目録標目として採用された約20万の人名を収録している。

[人名鑑の例]

新訂現代日本人名録2002　第5版　日外アソシエーツ　2002　4冊　CD-ROM版　2004
- 現代日本の学術，経済，文化，産業，政治，行政，スポーツ等の各界で活躍する平成13(2001)年11月現在生存の12万人について，職業，勤務先肩書，生年月日，学歴，経歴，連絡先などを記載している。

現代外国人名録2008　日外アソシエーツ　2008　102, 1500p　CD-ROM版　2002
- 略歴や業績などが日本の新聞，雑誌に掲載されたり，著作が出版されるなど，日本国内で広く知られるようになったさまざまな分野の外国人16,418人について，職業，勤務先肩書，国籍，生年月日，学歴，経歴などを記載している。

人事興信録　人事興信所　1903-　（隔年刊）

日本紳士録　ぎょうせい　1889-　（隔年刊）

職員録　国立印刷局　1886-　（年刊）　CD-ROM版　平成11年版-

全国大学職員録　廣潤社　1957-　（年刊）
- 昭和54年版から，国公立大学編と私立大学編の2分冊になった。姉妹編に『全国短大・高専職員録』がある。

全国短大・高専職員録　廣潤社　1963-　（年刊）

ダイヤモンド会社職員録　全上場会社版　ダイヤモンド社　1965-　（年刊）　CD-ROM版　2004

ダイヤモンド会社職員録　非上場会社版　ダイヤモンド社　1966-　（年刊）　CD-ROM版　2003

著作権台帳：文化人名録　日本著作権協議会　1951-　CD-ROM版　1998年版, 2002年版

Dictionary of National Biography vol.1-25　Smith, Elder　1885-1891　25 v.

Dictionary of National Biography vol.26-50　Smith, Elder　1891-1897　25 v.

Dictionary of National Biography vol.51-Index and epitome　Smith, Elder　1897-1903　14 v.

Who's Who　Black　1849-　（年刊）
- 英国人を中心に，現存する著名人を収録している。収録された人物が故人となったら，*Who was Who* に記載される。

［団体名鑑の例］

　全国大学一覧　文教協会　1950-　（年刊）
　全国短期大学・高等専門学校一覧　文教協会　1967-　（年刊）
　全国試験研究機関名鑑　ラテイス　1963-　（隔年刊）　CD-ROM版
　全国各種団体名鑑　シバ　1965-　（不定期）
　学会名鑑　日本学術協力財団　2001-　2001-3年版，2004-6年版
　　・『全国学術研究団体総覧』（大蔵省印刷局）の改題。2004-6年版は，日本を代表する1,730の学術研究団体を網羅している。
　会社年鑑　上場会社版　日本経済新聞社　1949-　（年刊）
　会社総鑑　未上場会社版　日本経済新聞社　1960-　（年刊）
　会社四季報　東洋経済新報社　1936-　（季刊）　CD-ROM版
　会社四季報未上場会社CD-ROM　東洋経済新報社　1999-　（年2回刊）
　日経会社情報　日本経済新聞社　1979-　（季刊）　CD-ROM版
　World of Learning　Europa Publications　1947-　（年刊）
　United Nations System of Organizations　United Nations（国連）
　　http://www.unsystem.org/
　官公庁リンク集（首相官邸）　内閣官房内閣広報室
　　http://www.kantei.go.jp/jp/link/server_j.html
　電子政府の総合窓口―各府省・独立行政法人等のホームページ　総務省行政管理局
　　http://www.e-gov.go.jp/link/link.html
　NIPPON―Net　地方自治情報センター　http://www.nippon-net.ne.jp/
　ReaD研究開発支援総合ディレクトリ　科学技術振興機構　http://read.jst.go.jp/
　学協会情報発信サービス　国立情報学研究所　http://wwwsoc.nii.ac.jp/
　Yahoo！ファイナンス―企業情報　Toyo Keizai Inc., Yahoo Japan Corporation.
　　http://profile.yahoo.co.jp/industry/
　会社基本情報　東洋経済新報社　http://shikiho.qqq.or.jp/

［図書館・情報機関の例］

　全国図書館案内　改訂新版　三一書房　1990　2冊
　図書館年鑑　日本図書館協会　1982-　（年刊）
　日本の図書館　日本図書館協会　1953-　（年刊）
　全国特殊コレクション要覧　改訂版　国立国会図書館　1977　15, 217, 46p
　専門情報機関総覧　専門図書館協議会　1969-　（3年1回刊）
　American Library Directory　Bowker　1923-　（年刊）　CD-ROM版

Libweb-Library WWW Servers　Univ. of California, Berkeley
　　http://sunsite.berkeley.edu/Libweb/
図書館リンク集　日本図書館協会　http://www.jla.or.jp/link/index.html
東京都立図書館　類縁機関名簿　東京都立図書館
　　http://metro.tokyo.opac.jp/tml/trui/
artscape（全国ミュージアムデータベース）　大日本印刷
　　http://www.dnp.co.jp/artscape/index.html

9）**法令集**（statute book）　法令集とは，法規すなわち法律，規則，命令などのほか，規程，規約などの集成類のことをいう。

[**法令集（編年体）の例**]

官報　国立印刷局　1883-　（日刊）
　　インターネット版「官報」　国立印刷局　http://kanpou.npb.go.jp
官報ダイジェスト（首相官邸）　内閣官房内閣広報室
　　http://www.kantei.go.jp/jp/kanpo/digest.html
官報バックナンバー（首相官邸）　内閣官房内閣広報室
　　http://www.kantei.go.jp/jp/kanpo/digest-bk.html
官報資料版（首相官邸）　内閣官房内閣広報室
　　http://www.kantei.go.jp/jp/kanpo-shiryo/index.html
官報関連 search　政府刊行物センター
　　http://www.gov-book.or.jp/kanpou/kan_kensaku/index.html
法令全書　国立印刷局　1885-　（月刊）
　・官報で公布された法令を法律，政令，省令などの種類ごとに分類し，公布の法令番号順に排列したもの。創刊は明治18(1885)年であるが収録範囲は慶応3（1867）年まで遡る。

[**法令集（主題別）の例**]

六法全書　有斐閣　1948-　（年刊）
著作権関係法令集　著作権情報センター　[1969]-　（年刊）
教育小六法　学陽書房　1953-　（年刊）
模範六法　CD-ROM 版　三省堂　1989-　（年刊）　CD-ROM　1 枚

[**法令索引の例**]

法令データ提供システム　総務省行政管理局
　　http://law.e-gov.go.jp/cgi-bin/idxsearch.cgi

日本法令索引　国立国会図書館　http://hourei.ndl.go.jp/SearchSys/

10）年　鑑（yearbook, annual）・白　書（white paper）　年鑑とは，ある1年間，ないし数年間に発生した各種のトピックスを中心に，その推移を記録・解説している年刊の逐次刊行物のことをいう。白書とは，政府による公式の調査報告書のことをいう。white paper の訳語であり，もとはイギリス政府の外交報告書の表紙に白紙を用いたことに由来する。タイトルに使用される名称には，年鑑，年報，要覧，白書，イヤーブック，アルマナック等がある。

［総合年鑑（一般年鑑）の例］

朝日年鑑　朝日新聞社　1924-　（年刊）
- 前年12月末までの内外の出来事を対象とする。政治・経済・社会・科学・文化・スポーツ・国際などの各分野について，年表・トピックス・事項解説などを掲載している。

読売年鑑　読売新聞社　1949-　（年刊）

時事年鑑　時事通信社　1947-1993　（年刊）
- 前々年8月から前年7月までの日本と世界の情勢を対象とする。1994年版（1993年刊行）までで休刊。前身は『時事年鑑』大正7・8年版（1915年刊行）-『同盟時事年鑑』昭和19年版（1943年刊行）で，日本図書センターより復刻版がある。

World Almanac and Book of Facts　World Almanac　1868-　（年刊）
- 通称 *World Almanac*。政治・経済・社会・文化・宗教・自然などのあらゆる分野について，図，表，統計を用いて解説している。和訳版として『ワールド・アルマナック』（経済界　1991-）が刊行されている。

Almanack Whitaker　1869-　（年刊）
- 通称 *Whitaker's Almanack*。英国の出版物であるため，英国をはじめとするヨーロッパに関する情報が豊富に収録されている。

［専門主題年鑑の例］

図書館年鑑　日本図書館協会　1982-　（年刊）
出版年鑑　出版ニュース社　1951-　（年刊）
気象年鑑　気象業務支援センター　1967-　（年刊）
ギネスブック　きこ書房　1967-　（年刊）
- 英国の Guinness World Records 社から刊行されている *Guinness World Records* の和訳版。

第 3 章　レファレンスツールの種類と特性　　　　　　　　　　　　　　　　　*81*

［地域年鑑の例］

　ある地域に関する事項について編集した年鑑を地域年鑑という。地域年鑑は，世界各国を広く対象とするものから，国内の特定の地方のみを扱うものまでさまざまである。日本の各都道府県については，地元の新聞社からそれぞれの地域年鑑が刊行されていることが多い。

　世界年鑑　共同通信社　1949-　（年刊）　CD-ROM 版　1997-　1993-1997年版, 1993
　　-1998年版, 1995-1999年版
　愛媛年鑑　愛媛新聞社　1953-　（年刊）

［白書の例］

　各府省庁から印刷物の白書が刊行されているが，ここでは Web 上で参照できるページを紹介する。

3-12図　電子政府の総合窓口―白書等
（http://www.e-gov.go.jp/link/white_papers.html）

電子政府の総合窓口―白書等　総務省行政管理局
　　http://www.e-gov.go.jp/link/white_papers.html
国立印刷局発行白書一覧　国立印刷局
　　http://www.npb.go.jp/ja/books/whitepaper/list.html
白書（年次報告書）（首相官邸）　内閣官房内閣広報室
　　http://www.kantei.go.jp/jp/hakusyo/index.html

（2）案内指示型レファレンスツール

　第2章で述べたように，案内指示型レファレンスツールは，どのような一次情報（オリジナル情報）が存在するのかを探すために使用するレファレンスツールである。したがって，一次情報を見たい場合は，得られた書誌データを手がかりにして一次情報を入手する。そのようなツールには，書誌，目録，索引誌，抄録誌，書誌の書誌（どのようなレファレンスツールがあるかを探すためのもの）などがある。
　案内指示型レファレンスツールの種類は，3-13図のような関係にある。

　1）**書　誌**（bibliography）　書誌という言葉は，一般の人にはあまり馴染みのない言葉である。しかし，図書館や図書館情報学においては，極めてよく使われる術語である。書誌情報，書誌事項，書誌データ，書誌記述，書誌レコード，書誌ユーティリティ，書誌コントロール，書誌データベース，全国書誌，主題書誌，人物書誌など，資料組織や情報サービスなどにおいて必ず目や耳にする術語である。
　書誌は，英語のbibliographyの訳語であるが，bibliographyには大別して二とおりの意味がある。一つは書目としての書誌であり，もう一つは書誌学という意味である。以下に，書誌に関する定義を見ていくことにする。なお，『ALA図書館情報学辞典』以外の資料にも，書誌学について詳細な記述があるが，ここでは書誌についての解説だけを紹介する。
『ALA図書館情報学辞典』（丸善　1988　p.112）

　　　書誌（書目）Bibliography：著作，文献，および（または）書誌的対象資料のリストで，一般に，内容が著者，主題，出版地などで互いに関連をもっているもの。

第3章 レファレンスツールの種類と特性

その内容が，個々のコレクションや図書館や図書館群の蔵書に限定されていない点において，目録とは異なる。

　書誌学 Bibliography：①図書を，そのテキストの来歴や伝達について確定するために，物的対象として研究すること。②図書を，その収録した著作の著者性，版次，物的形態などについて，正確に記述する技術。

『図書館情報学用語事典』（丸善　2002　p.108）

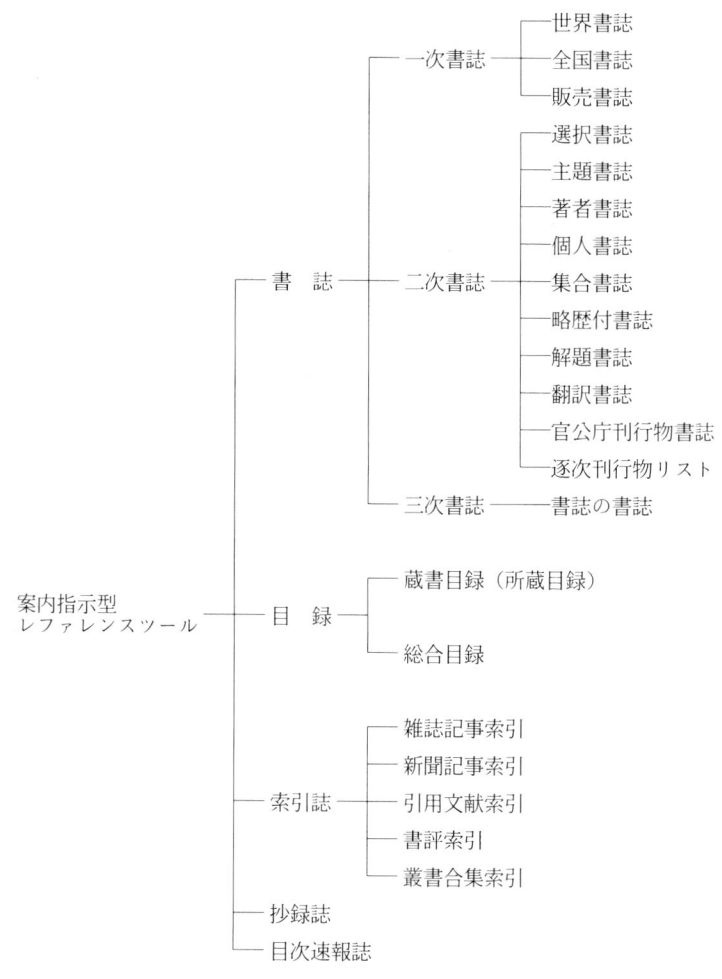

```
案内指示型
レファレンスツール ─┬─ 書　誌 ─┬─ 一次書誌 ─┬─ 世界書誌
                    │           │             ├─ 全国書誌
                    │           │             └─ 販売書誌
                    │           │
                    │           ├─ 二次書誌 ─┬─ 選択書誌
                    │           │             ├─ 主題書誌
                    │           │             ├─ 著者書誌
                    │           │             ├─ 個人書誌
                    │           │             ├─ 集合書誌
                    │           │             ├─ 略歴付書誌
                    │           │             ├─ 解題書誌
                    │           │             ├─ 翻訳書誌
                    │           │             ├─ 官公庁刊行物書誌
                    │           │             └─ 逐次刊行物リスト
                    │           │
                    │           └─ 三次書誌 ── 書誌の書誌
                    │
                    ├─ 目　録 ─┬─ 蔵書目録（所蔵目録）
                    │           └─ 総合目録
                    │
                    ├─ 索引誌 ─┬─ 雑誌記事索引
                    │           ├─ 新聞記事索引
                    │           ├─ 引用文献索引
                    │           ├─ 書評索引
                    │           └─ 叢書合集索引
                    │
                    ├─ 抄録誌
                    └─ 目次速報誌
```

3-13図　案内指示型レファレンスツールの種類

書誌：何らかの基準で選ばれた図書，論文，記事等の資料一点一点の特徴を分析して，その特徴を一定の記述規則に基づき書誌データ（図書ならば，著者名，タイトル，出版地，出版社，出版年，ページ数など）に表現し，これらのデータを探索しやすいように排列したリスト。二次資料の一種で，文献リスト，文献目録ともいう。全国書誌，全国的販売書誌などの一次書誌，選択書誌，主題書誌，個人書誌などの二次書誌，「書誌の書誌」などの三次書誌に区分できる。現在では記録媒体が多様化し，電子的資料，その他の形態の資料を収録対象とするものも書誌と見なすことがある。書誌そのものの媒体も限定されず，カード形態でも電子メディアでもよい。書誌は文献の存在と書誌データを知らせるものであって，文献の所在も明示している目録とは区別される。冊子形態の書誌は，排列方式と索引の有無・種類が検索効率に影響し，それぞれの書誌の特徴となっている。

『図書館用語集　三訂版』（日本図書館協会　2003　p.144）

　　　書誌（bibliography）：多数の図書・文献の書誌的事項の記述を集め，一定の方式に従って排列・編成したリストのこと。広義には，図書・論文・その他の資料に関するあらゆるリスト・文献目録を含めていうが，一般にはいわゆる目録（catalog）に対して，それぞれの文献の所在・所蔵を示さないものをいう。出版地・販売形態・使用言語などを基準として集めた包括的なものもあるが，多くは著者・主題・利用者層などを基準として選択的に編集されており，狭義には特定の主題に関する著作・論文のリスト（主題書誌）を指して単に書誌ということもある。（後略）

『図書館学ハンドブック　第5版』（日本図書館協会　1990　p.230）

　　　書誌：書誌的記録を一定の順序に排列したもの。広義には目録を含む。ただし通常はその書誌的記録の対象たる資料の所蔵については指示しない。この意味で目録と異なる。

『図書館情報学ハンドブック　第2版』（丸善　1999　p.261）

　　　書誌：手稿，図書・視聴覚資料・電子メディア等の出版物を識別し，一定の論理的な順序で排列し，著者，書名，出版地，出版者，出版年，版，ページ付け，シリーズ名等を記述したリストを書誌と呼び，書誌学と区別するために，体系的書誌（systematic bibliography），列挙的書誌（enumerative bibliography）と呼ぶことがある。書誌は書目ともいう。

　以上の定義から，書誌は図書や雑誌論文などの書誌データを記述し，その記述をある一定の順序で排列し，索引などを付して検索しやすいように組織化したリストであるといえる。

書誌は膨大な文献情報の中から，効率よく目的の文献を探すために作成されている。実物の文献（一次情報）が手元になくても，文献調査が可能になり，また実物を一つひとつ検索するよりも効率的である。図書館においては，スペースや予算の上からも所蔵資料には限界がある。図書館に書誌を所蔵することにより，より広範囲の情報を図書館利用者に提供することができる。今日では，書誌の多くが電子メディアで提供するようになり，国立国会図書館が作成する『雑誌記事索引』（Webページに1983年以降無料公開）のように印刷物は作成しないものもある。

利用者の立場から見ると，なかなか完璧な書誌は存在しないといえるかもしれないが，書誌のもつべき要件としては，以下のような点が挙げられる。この要件は，後述する索引誌や抄録誌にも同じことがいえる。

(1) 目的の文献を漏れなく探せること。
(2) その主題・分野，人物などにおける網羅性を確保できること。
(3) 不要な文献（ノイズ）を含まないこと。
(4) できるだけ最新情報を含むこと。すなわち速報性（発行頻度あるいは更新頻度が短いほどよい）があること。
(5) 継続性があること。
(6) 累積性があること。
(7) 検索項目，索引等が充実していること。

書誌には，3-13図に示したように，その目的，用途，収録資料，収録範囲，主題などから，いろいろなものがある。通常の書誌は列挙書誌あるいは体系書誌と呼ばれ，一次書誌，二次書誌，三次書誌に分けることができる。なお，書誌の中には，書名に「目録」とあるものも多く見られるので注意が必要である。

一次書誌　一次書誌は，一般書誌とも呼ばれ，主題や著者などに関係なく，出版年代ないしは出版地域で相互に関連する資料を包括的，網羅的に収録することを目的として作成される。世界書誌，全国書誌，全国的な販売書誌がある。

世界書誌は，1545年にゲスナー（Conrad Gesner, 1516-1565）が刊行した *Bibliotheca Universalis* があるが，今日のように膨大な文献が存在する状況で

は，一つにまとまったものはない。

全国書誌は，各国の国立図書館が納本制度により収集したその国で出版されたあらゆる出版物を網羅的に収集して作成されるものである。今日，全国書誌はコンピュータで作成，維持・管理され，MARC（コンピュータ可読目録）としてデータベース化されている。

販売書誌は，販売図書を全国的規模で包括的に収録しようと作成されるものである。新刊図書，現在書店（古書店を除く）で購入可能な図書，過去に出版された図書を調べるためのものである。

[全国書誌の例]

　日本全国書誌　国立国会図書館　1981-（週刊），CD-ROM 版，DVD-ROM 版，オンライン版，Web 版
　　・『納本週報』(1955-1980) を継承し，国立国会図書館が収集した日本国内および海外での日本語出版物を収録している。
　J-BISC（CD-ROM 版，DVD-ROM 版）は，図書のみを収録。
　JAPAN/MARC（オンライン版）
　NDL-OPAC（Web 版）
　　http://www.ndl.go.jp/jp/publication/jnbwl/jnb_top.html は，最新 4 号分を掲載。
　National Union Catalog　Washington, D.C. Library of Congress　1898-（週刊），CD-ROM 版，オンライン版，Web 版
　US MARC（オンライン版）
　LC Online Catalog（Web 版）　http://www.loc.gov/marc/
　British National Bibliography　London　British Library　1950-（週刊）　CD-ROM 版，オンライン版，Web 版
　UK MARC（オンライン版）
　British Library Public Catalogue（Web 版）
　　http://www.bl.uk/services/bibliographic/natbib.html

[販売書誌の例]

　出版年鑑＋付録　日本書籍総目録 CD-ROM 版　日本書籍出版協会　2002-（年刊）
　　日本書籍総目録のみ Web 版
　　・印刷物の『出版年鑑』(1950-) は，前年に出版された新刊図書を NDC 分類によりリストしている。『日本書籍総目録』は，1927-2001年は印刷物が出版されたが，

2002年から CD-ROM 版のみとなった。毎年5月現在，日本書籍出版協会加盟の出版社に在庫がある市販図書を掲載している。

Books.or.jp ［本をさがす］（Web 版） http://www.books.or.jp

Year's Book　年版新刊案内　1981-　図書館流通センター　1982-（年刊）　Web 版
- 前年の新刊図書を NDC 分類で排列し，リストしている。

TRC ブックポータル（Web 版）　http://www.trc.co.jp/trc-japa/

週刊新刊案内　http://www.trc.co.jp/trc-japa/shinkan.htm

Book Page　本の年鑑　1988-　ブックページ刊行会　1988-（年刊）　CD-ROM 版，オンライン版
- 前年の新刊図書を実用書，絵本・児童書，社会・政治・法律，など17のジャンルに分類し，約1,000項目の見出し語のもとに書名の五十音順にリストしている。書誌データ等のほかに，要旨または目次を掲載している。

NICHIGAI/WEB の BOOKPLUS（有料）

Books in Print　New York　Bowker　1948-（年刊）

Whitaker's Books in Print　London　Whitaker　1989-（年刊）

二次書誌　　二次書誌は，一定の選択基準を設けて，その基準の条件に合うものだけを収録している書誌である。3-13図に示したように選択書誌，主題書誌，著者書誌，個人書誌，集合書誌，略歴付書誌，解題書誌，翻訳書誌，官公庁刊行物書誌，逐次刊行物リストなどがある。

選択書誌は，資料の利用対象を想定して，一定の基準に基づいて取捨選択して作成しているものである。多くの選択書誌は，収録した資料の解題が付けられている解題書誌である。

主題書誌は，ある特定の専門主題領域やテーマを選定し，それらに関する文献を収録対象として作成しているもので，さまざまな分野の主題書誌がある。一般に人文・社会科学分野のものが多い。自然科学分野では，主題書誌よりも更新が頻繁に行われる索引誌や抄録誌のデータベースが多く利用されている。

著者書誌は，ある特定の著者が発表した資料だけを収録するものである。特定の人物の著作のみを網羅的に探そうとする場合に有用である。

個人書誌は，ある特定の著者が発表した資料だけでなく，その人物の業績やその著者および著作に関する文献をも収録したものである。どのような個人書

誌がどこに収載されているかを調べるには,『日本書誌の書誌』『人物書誌索引』『書誌年鑑』などを見るとよい。

　集合書誌は,複数の人物の著作あるいは関係文献を収録したもので,それぞれの人名見出しのもとに排列した書誌である。編集に工夫がされている場合は,同時代の人物あるいは同分野の人物の著作を容易に比較できるなどの利点もある。

　略歴付書誌は,個人書誌や集合書誌のうち,収録対象となっている人物の略歴情報も収録しているものである。この場合は,書誌情報と同時に簡単な人物情報も得ることができる。

　解題書誌は,収録対象資料に関する解題（解説）を収録しているものである。

　翻訳書誌は,日本で出版された翻訳書を収録したもので,『日本全国書誌』『日本書籍総目録』などから探す場合に比べて,はるかに調べやすい。

　官公庁刊行物書誌は,官報,各種法令関係資料,白書類,各省庁関係の報告書,広報誌,統計調査資料,答申書,議事録,国の諸機関の刊行物,都道府県,市区町村の刊行物,国立研究機関における研究成果,政府からの研究助成金による報告書などを収録している。一般に官公庁刊行物は一般の書店ルートによらないものも多く,販売書誌には掲載されない。以前は官公庁刊行物は入手しにくい資料が多かったが,今日ではインターネットの電子政府や地方自治体のWebサイトが充実してきているので,印刷物に頼らなくても,各Webページから情報を得ることも容易になってきている。

　逐次刊行物リストは,逐次刊行物目録ということもあり,雑誌や新聞などの逐次刊行物に関する情報を収録したリストで,逐次刊行物の書誌データなどのほか,発行者名,発行頻度,発行部数などを知ることができるリストである。

[選択書誌の例]　（以下の書誌は,解題書誌でもある）

　　選定図書総目録　1950年度-　日本図書館協会　1951-（年刊）
　　　・前年度の市販図書から,一般向き,青年向きなどの利用対象別に,一定の基準により優れた図書約1/3を選定し,簡単な注釈を付している。
　　学校図書館基本図書目録　全国学校図書館協議会　1952-（年刊）
　　世界名著大事典　オリジナル新版　平凡社　1987-89　17冊

- 各国の主な古典的著作およそ11,000点を選び解説している。第13巻に百科事典，国語辞典，全集叢書を一括収録。14巻・15巻は約6,800人の著者の略伝とその主著を紹介している。16巻は書名，難訓書名，著者名，等の索引がある。

全情報シリーズ　1945-　日外アソシエーツ　1990-
資料別全情報シリーズ
- 1945年以降国内で刊行された図書を網羅し，ジャンルやテーマ別に配列した図書リスト。事項名索引と書名索引つき。「伝記・評伝全情報」，「翻訳小説全情報」，「紀行・案内記本全情報」，「民話・昔話全情報」，「日本の詩歌全情報」，「児童文学書全情報」，「画集写真集全情報」など。

[主題書誌の例]

日本件名図書目録　1956-2008　日外アソシエーツ　1994-2009
- 商業出版物から官公庁出版物，私家本など，それぞれの年に刊行された図書を，キーワードから引くことができる。主題分野，人名，地名などの件名の五十音順に配列。人名・地名・団体名編と，一般件名編がある。

歴史図書総目録　13分冊　日外アソシエーツ　1993-2004
- 1945から1997年に国内で刊行された歴史に関する図書を収録。13分野に分かれる。著者名索引，書名索引，事項名索引あり。

英米文学研究文献要覧（20世紀文献要覧大系18, 19, 23, 29）　1945-1964, 1975-1984, 1985-1989, 1990-1994　日外アソシエーツ　1987, 1991, 1994, 1996

日本文学研究文献要覧（20世紀文献要覧大系1，2，2・補，21, 27）　1965-1974, 1975-1984, 1985-1989　日外アソシエーツ　1976, 1977, 1994, 1995

図書館情報学研究文献要覧（20世紀文献要覧大系12, 20）　1970-1981, 1982-1990　日外アソシエーツ　1983, 1993
- 図書館情報学，図書館業務関係の図書と雑誌論文をNDCの010図書館に準拠して排列している。

経済史文献解題　昭和34年版-　清文堂出版　1960-（年刊）
全情報シリーズ　1945-　日外アソシエーツ　1990-
主題別全情報
- 1945年以降国内で刊行された図書を網羅し，主題別に分けて配列した図書リスト。事項名索引と書名索引つき。書誌事項のみならず内容や目次も掲載されている。「天文・宇宙の本全情報」，「地球・自然環境の本全情報」，「災害・防災の本全情報」，「健康・食事の本全情報」，「医療問題の本全情報」，「女性・婦人問題の本全情報」，「青少年問題の本全情報」，「服飾・デザインの本全情報」，「心理学の本全情報」，など多数ある。

[個人書誌の例]

定本三島由紀夫書誌　薔薇十字社　1972
川端康成戦後作品研究史・文献目録（資料叢書10）　教育出版センター　1984
開高健書誌（近代文学書誌体系1）　和泉書院　1990
Catalog of the Shakespeare Collection Folger Shakespeare Library Boston G.K. Hall, 1972　2 Vols.

[集合書誌の例]

人物文献目録　1980-2007　日外アソシエーツ　1981-2008
- 特定の人物に関する図書，論文，記事を一覧できる文献リスト。国内で刊行された図書，雑誌・紀要，政府刊行物，私家本から，伝記，日記，回想，紀行，人物論，年譜，著作リスト，などを収録。日本人編と外国人編がある。

日本人物文献索引　政治，経済，社会　1980-2005　日外アソシエーツ　1995-2006
- 日本語の図書。雑誌・紀要類から，歴史上の人物，現在活躍中の人物に関する文献。

人物書誌体系　日外アソシエーツ
- 現在「福沢諭吉門下」「太宰治」「武者小路実篤」「折口信夫」など40の個人書誌がある。

新現代日本執筆者大事典　日外アソシエーツ　1992-1993
- 『現代日本執筆者大事典』(1965-1976)，『同』(77/82) に続くもので，自然科学以外の各分野で執筆活動している人物を掲載している。

現代日本科学技術者大事典　第1-5巻　日外アソシエーツ　1986-1987
Books in Series; Original, Reprinted, In-print, and Out-of-print Books 4 th ed. New York　Bowker　1985　6 Vols.

[略歴付書誌の例]

福澤諭吉とその門下書誌　慶應通信　1970

[解題書誌の例]

選定図書総目録　1950年度-　日本図書館協会　1951-（年刊）
世界名著大事典　オリジナル新版　平凡社　1987-89　17冊
漢籍解題　名著刊行会　1970　（明治書院明治38年刊の複製）
Booklist Chicago American Library Association　1905-（半月刊）

[翻訳書誌の例]

翻訳図書目録　45/76，77/84，84/88，88/92，92/96　日外アソシエーツ　1984-1996

翻訳小説全情報　45/92, 1993/1997, 1998-2000　日外アソシエーツ　1994　1999　2001

Literatures of the World in English Translation　New York　Ungar　1867-

[官公庁刊行物書誌の例]

政府刊行物等総合目録　1980年版-　全国官報販売協同組合　1979-（年刊）

官庁資料要覧　1975-1991年版　政府資料等普及調査会　1975-1991

電子政府の総合窓口　http://www.e-gov.go.jp/

[逐次刊行物リストの例]

日本雑誌総覧　1988　出版ニュース社　1987

雑誌新聞総かたろぐ　1979年版-　メディア・リサーチ・センター　1978-
- 日本で刊行されている逐次刊行物（雑誌，新聞，年鑑）の書誌データ，発行部数，広告の有無，読者層，内容解説などを収録している。CD-ROM 版の書誌ナビは，2001年3季号（7月25日発売）で休刊。

レファレンス事典　どの事典（または情報源）に収録されているかを調べるためのインデックス。

[レファレンス事典の例]

新訂増補人物レファレンス事典　古代・中世・近世編，政治・明治・大正・昭和（戦前）編，昭和（戦後）・平成編　日外アソシエーツ　1996-2007

外国人物レファレンス事典　20世紀編，古代-19世紀編　1999-2010

植物レファレンス事典

動物レファレンス事典

魚類レファレンス事典

昆虫レファレンス事典

日本美術作品レファレンス事典　姉妹編として西洋美術作品レファレンス事典がある。
- 美術全集の内容を調べられる。

写真レファレンス事典
- 被写体人物から探せる。

三次書誌　調べたい情報に関する案内指示型レファレンスツール（書誌，目録，索引誌，抄録誌など）にどのようなものがあるのかを知りたい場合は，それらの文献リストがあると便利である。二次書誌を収録したものを三次書誌といい，書誌の書誌がある。

[書誌の書誌の例]

日本書誌の書誌　総載編，主題編，人物編　巌南堂書店，日外アソシエーツ　1973-1984
- 明治維新前から昭和45(1970)年までに刊行された各種の書誌を網羅している。

書誌年鑑　1982-　日外アソシエーツ　1982-（年刊）
- 国内唯一の書誌の年刊版。特定テーマや人物に関する書誌を一覧できる。
- 主として人文・社会科学分野の書誌類を収録している。

主題書誌索引　1966-2007　深井人詩篇　日外アソシエーツ　1981-2009
- 特定の主題やテーマに関する書誌を，事項名，地名，団体・機関名などのキーワードから探す。図書の巻末や非売品に掲載された調査の難しい書誌も探せる。

人物書誌索引　1966-2007　深井人詩篇　日外アソシエーツ　1979-2009
- 全集，研究書，雑誌・紀要，私家本などの各種文献に発表された個人書誌（参考文献，著作リスト，年譜などの含む）を集積。特定人名のもとに，書誌的情報を一覧できる。

全情報シリーズ　1945-　日外アソシエーツ　1990-

三次情報全情報シリーズ
- 1945年以降国内で刊行された案内型2次情報の図書を網羅した参考図書リスト。事項名索引と書名索引つき。

　辞書・事典全情報　45/89，1990-1997　日外アソシエーツ　1990，1999　881p.，852p.

　便覧図鑑年表全情報　45/89，1990-1999　日外アソシエーツ　1991，2001　1321p.，747p.

　名簿・名鑑全情報　45/89　日外アソシエーツ　1991　377p.

　年鑑・白書全情報　45/89，1990-2002　日外アソシエーツ　1991，2003

A World Bibliography of Bibliographies　4 th ed, rev. and greatly enl. Throughout　Theodore Besterman　Lausanne　Societas Bibliogaphia　1965-1966　5 Vols.

2）目　録（catalog）　前述した書誌の書名にも「目録」という名称が付けられているものも多いため，書誌と目録（catalog, catalogue）が混同されることもある。書誌と目録の違いは，書誌が収録文献の書誌データを記載するリストであるのに対して，目録はその文献の所在や所蔵状況も指示されているものをいう。以下に，目録に関する定義を見ていくことにする。

『ALA図書館情報学辞典』(丸善　1988　p.238)

　　目録：①catalog　書誌レコードのファイル，構築のための特定の一貫した原則に従って，典拠ファイルのコントロールのもとに作成され，あるコレクションやある図書館または図書館のグループが所蔵する資料を明らかにする。(AACR 2 修正)。

　　②catalog　広義には，特定の目的のために作成した資料のリスト。例えば，展示品目録，販売目録。(AACR 2)。

　　③inventory　文書館の用語で，記録群中の資料を発見するための手段。基本的に資料の排列順序のとおりに排列され，そこに記述されている記録の出所である機関や事務所の簡単な沿革や，タイトル，収録対象期間，数，排列，他のシリーズとの関係，重要な主題内容の記述なども記されていることがある。

『図書館情報学用語事典』(丸善　2002　p.229)

　　目録："(1)－図書館または図書館グループが所蔵する図書館資料の目録記入を，各種の標目(タイトル，著者，件名，分類記号)を検索手順として，一定の順序で排列したもの。(2)MARCレコードのファイル"(『日本目録規則1987年版改定2版』用語解説)。通常，所蔵機関が図書館以外の場合にも目録と呼ぶ。日本の習慣では，目録が書誌の意味で用いられることが多い。(後略)

『図書館用語集　三訂版』(日本図書館協会　2003　p.305)

　　目録：一般にある種の物品を，簡潔に表現してリスト化したもの(カタログ)をいい，図書館では図書目録ないし資料目録の略称として用いられる。〈文献目録〉と言う場合などには，書誌・書目と同義にも用いるが，厳密にはそのうち，所在(所蔵)を明らかにしている場合に限っていう。狭義には，あるコレクションや図書館の所蔵資料を，統一的構成方針に従って，しかも典拠ファイルで統制しながら記述・作成した記入(entry)を一定の順に排列して検索できるようにした集合体(ファイル)を指し，すなわち自館の所蔵目録のことをいう。特にそのうち，利用者(閲覧者)の検索の便を配慮して編成されているものを指していうこともあり，この場合，事務用目録に対して，閲覧用目録，閲覧目録，公共目録などともいう。(後略)

『図書館学ハンドブック　第5版』(日本図書館協会　1990　p.230)

　　目録：1もしくは2以上の図書館の蔵書を対象とした書誌的記録(記入)をタイトル，著者，主題などを手がかりとして検索できるよう，各資料の記録とそれに関連する参照を，一定の順序で排列したファイルである。目録は，書誌，索引と異なる。

『図書館情報学ハンドブック 第2版』(丸善 1999 p.261)
　　目録:書誌と同様に書誌データによって構成されているが,その内容が個々のコレクションや図書館や図書館群の蔵書に限定されている点に違いがある。目録は,広義には,特定の目的のために作成された在庫品一覧表の性格を持つリストを示す。収録資料に共通する特徴は,特定の出版者や出版グループが刊行している,ある書店が販売している,ある図書館や図書館グループが所蔵しているなどである。具体的には,特定の展示会のために作成されるリストや,在庫品の販売促進のために作成されるリスト,図書館の蔵書目録等がある。

　以下に,目録の種類とそれらの例について述べる。

蔵書目録　　蔵書目録は,特定の図書館が所蔵するコレクションの資料を一定の目録規則によって記述したリストである。蔵書目録は,書誌データの確認,特定の図書館における所蔵の有無の確認,図書館における排架の位置などの確認のために利用される。

　図書館における蔵書目録の形態は,冊子目録,カード目録の時代を経て,今日コンピュータ目録(OPAC)が主流になっている。公共図書館や大学図書館などでは,OPACが普及し,インターネットが使用できる環境であれば,わざわざ図書館に行かなくても所蔵状況を調べることができる時代になった。

[蔵書目録の例]
　国立国会図書館蔵書目録　昭和23年～43年-平成3年～7年　国立国会図書館　1983-1997　104冊　CD-ROM版,DVD-ROM版,オンライン版,Web版
　　・国立国会図書館が所蔵する和図書の蔵書目録。9分野別に構成されている。
　J-BISC(CD-ROM版,DVD-ROM版)
　JAPAN/MARC(オンライン版)
　NDL-OPAC(Web版) http://opac.ndl.go.jp/index.html
　U.S. Library of Congress. Subject Catalog Washington, D.C. Library of Congress　1975-1984
　British Library General Subject Catalogue London British Library 1975/85-1986/90 London K.G.Saur 1986-1990

総合目録　　総合目録は,図書館間協力により,二つ以上の図書館の蔵書目録を,地域や全国的に一つに統合して作成した目録である。自館にない資料に

ついて，どこの図書館で所蔵しているかがわかる。

今日では，共同目録作業が進展し，国立情報学研究所の NACSIS-CAT のシステムを通じて，全国規模の総合目録が作成されている。

[総合目録の例]

国書総目録　第1巻-[第9巻] 補訂版　岩波書店　1989-1991
　・国初から慶応3(1867)年までに日本人が著編撰訳した和漢書を収録している。
古典籍総合目録　第1-3巻　岩波書店　1990
新収洋書総合目録　1954-1983　国立国会図書館　1958-1983，1984-1987　1988-1990
　・英文書名 Union Catalog of Foreign Books
国立国会図書館所蔵国内逐次刊行物目録　平成9年末現在　国立国会図書館　1998　姉妹編『外国逐次刊行物目録』CD-ROM 版
学術雑誌総合目録　和文編　2000年版　国立情報学研究所　丸善　2001　CD-ROM 版，オンライン版，Web 版
　・全国の国・公・私立大学，国立試験研究機関，地方公共団体，法人，学協会などの機関に所蔵されている和文の逐次刊行物の書誌データと所蔵館を収録している。
NACSIS Webcat　http://webcat.nii.ac.jp/
学術雑誌総合目録　欧文編　1998年版　国立情報学研究所　丸善　1999　CD-ROM 版，オンライン版，Web 版
NACSIS Webcat　http://webcat.nii.ac.jp/
National Union Catalog; Cumulated Microform Edition　1968/79-　Washington, D.C. Library of Congress 1980-　(Annual)(Microfiche)

3) 索引誌（index journal）　　索引誌は，書誌や目録と似ているが，主に雑誌論文や新聞記事，特許明細書などの個々の文献を収録するリストで，二次資料の一つである。書誌と同様に，収録資料を一定の排列方式に従って収録するが，著者名やキーワードごとに書誌データを排列している場合が多い。書物の巻末索引とは区別されるが，単に論文や記事の書誌単位レベルのリストも索引ということもある。以下に，索引誌に関する定義を見ていくことにする。

『ALA 図書館情報学辞典』（丸善　1988　p.48）
　「索引」の見出し語はあるが，索引誌の見出し語はない。
　　索引（index）：ファイル，文献，文献集の内容に対する系統的な案内で，内容に

アクセスするために，内容を表す用語その他の記号と，参照文献，コード番号，ページ番号等を規則的に排列したもの。

『図書館情報学用語事典』（丸善　2002　p.80）

　　索引誌：同一タイトルで定期刊行される記事索引，抄録はなく，排列方法も抄録誌とは異なる。通常は，特定の専門分野を対象としている。収録される資料の種類は問わないが，速報性を重視するために逐次刊行物である雑誌や新聞の記事を対象とすることが多い。冊子体の場合には，各号の収録内容を累積，再編成して累積版が作成されることがある。索引誌は最新の文献の探索にまず利用され，累積版を中心として遡及探索に用いられる。1960年代から索引誌の作成過程の機械化が進行し，現在ではほとんどの索引誌はコンピュータを用いて作成されている。その結果，冊子体の索引誌と同じ内容のデータベースが早くから提供されてきた。KWIC索引，KWOC索引を用いた索引誌もある。

『図書館用語集　三訂版』（日本図書館協会　2003　p.305）

　　索引誌：特定範囲の著作物（多くは学術雑誌が中心となる）から，主題を表す索引語，著者，書誌的事項などにより，該当する著作（論文，記事）を検索するために編集・発行される定期刊行物。一般には，検索される著作（一次文献）の書誌的事項のみを収録し，抄録（著作内容の要約）を含まないものを特に索引誌といい，抄録を含む抄録誌（abstract journal）と区別して用いることが多い。抄録誌は，通常では収録対象雑誌から重要な記事のみを選択して抄録・掲載するので，比較的網羅的に収録する索引誌に比べて掲載率は低い。しかし，索引誌が論文題名，著者名，掲載誌名，巻号数，ページ，発行年等の書誌的事項のみを表示するのに対して，抄録誌にはさらに抄録（および抄録者名）が掲載されるほか，著者の所属，住所等が記され，著者へ直接抜刷り（ぬきずり）を請求できるようになっていることが多い。近年では，索引誌・抄録誌はデータベース化されてオンライン検索に用いられ，情報検索の主流となると同時に，検索結果からさらに電子ジャーナルへのリンク付けが行われるなど，フルテキストへのゲートウェイとして重要な役割を果たしつつある。

『図書館学ハンドブック　第5版』（日本図書館協会　1990　p.230）

　　「索引」についての定義はあるが，索引誌の定義の記載はない。

　　索引：本体の該当箇所（所定のページ等）へ導く索引項目の集合。書誌的記録（記入）がそれぞれに完結しているのに対して，索引項目はそれ自体としては完結していない。巻末索引，用語索引，文献索引の三種がある。このうち文献索引は書誌に相当する場合がある（例えば国立国会図書館「雑誌記事索引」は実質的に書誌であ

る)。

『図書館情報学ハンドブック　第2版』(丸善　1999　p.264)

　　索引誌：索引 (index) は雑誌記事や新聞記事，単行書の中の1章，詩歌集に含まれる歌や詩，スピーチなど，文献，文献集，ファイルの内容に対する系統的な案内を提供するレファレンス資料である。索引は，特定の項目についてそれを同定したり，追跡するのに十分な情報を提供する組織的に排列されたリストである。索引の中で，最新の出版物や論文を探すことができるように，適切な書誌データによる索引情報だけを掲載して定期的に刊行される雑誌を，索引誌という。

以下に，索引誌の種類とそれらの例について述べる。

　雑誌記事索引　　雑誌記事索引は，特定の主題分野に関して，収録対象誌を選んで，その雑誌に掲載された雑誌記事や論文を，人名，論文記事内容を表すキーワードなどから探せるようにしたツールである。今日では，CD-ROM 版や商用データベースとして利用される方が一般的である。ただし，国立国会図書館の『雑誌記事索引』は，平成14(2002)年10月から Web 上で無料公開されている。

　また，索引誌の場合，印刷物は索引誌であっても，データベース中には抄録を収録していることが多い。

　［雑誌記事索引の例］

　　雑誌記事索引　紀伊國屋書店　1950-　CD-ROM 版，オンライン版，Web 版
　　　・国立国会図書館が収集した国内刊行の主に学術雑誌や研究紀要の記事を採録したもの。人文・社会編と科学技術編とからなる。平成8(1996)年から印刷物の刊行中止し，両編は統合され CD-ROM 版として年6回刊行している。
　　雑誌記事索引　http://opac.ndl.go.jp/Process　1983-
　　雑誌記事索引　人文・社会編　累積索引版　紀伊國屋書店　1948-　CD-ROM 版，DVD-ROM 版，オンライン版，Web 版
　　大宅壮一文庫雑誌記事索引総目録　大宅壮一文庫　1985-1997　凸版印刷企画・編集　CD-ROM 版，Web 版
　　　・大衆誌の記事や一般週刊誌などの雑誌の記事を中心に選択的に収録している。平成4(1992)年以降は CD-ROM 版も1997年から刊行されている。
　　Web OYA-bunko　http://www.oya-bunko.com/　(有料)

医学中央雑誌　医学中央雑誌刊行会　1903-　CD-ROM版，オンライン版，Web版
・国内の医学・歯学・薬学分野の学術雑誌の記事を収録している。平成7(1995)年までは科目別の抄録誌であった。1996年からキーワード排列による索引誌となった。

　医中誌 Web　http://jk01.jamas.gr.jp/LoginBDisp.pl　（有料）

Current Index to Journals in Education　U.S.Department of Education　1969-　CD-ROM版，オンライン版 ERIC，Web版　[教育学]

　ERIC Database　http://www.eric.ed.gov/searchdb/index.html

Index Medicus　National Library of Medicine　1879-　CD-ROM版，オンライン版 MEDLINE，Web版　[医学，歯学，看護学]

　PubMed　http://www.ncbi.nlm.nih.gov/entrez/query.fcgi

研究紀要ポータル　http://kiyo.nii.ac.jp/

新聞記事索引　　新聞記事索引は，各新聞社が発行した新聞記事を探すための索引誌である。しかし，現在では新聞記事情報は電子化が進み，CD-ROM版やオンラインデータベースとしての検索が主流になり，発行されていないのが現状である。データベースでは，検索結果として記事見出しの一覧から，個々の記事全文を読むことができる。

　一方，新聞社の Web サイトでは，速報を掲載しており，1週間から6ヶ月程度，過去の新聞記事検索が無料で利用できるようになっているが，内容は印刷物と必ずしも同一ではない。印刷物をそのまま読みたい場合は，約2ヶ月遅れで発行される縮刷版を使用する。読売新聞社は縮刷版の CD-ROM 版を毎月発行している。

［新聞記事索引の例］

　読売ニュース総覧　昭和55年版-平成6年版　読売新聞社　1981-1995
　明治ニュース事典　毎日コミュニケーションズ　1983-1986　9冊
　大正ニュース事典　毎日コミュニケーションズ　1986-1989　8冊
　昭和ニュース事典　毎日コミュニケーションズ　1990-1994　9冊
　The Times Index, Jan./Mar. 1973- Reading, Eng., Newspaper Archive Developments　1973-　(Monthly)　[ロンドン・タイムズ紙]
　New York Times Index.　New York　New York Times　1913-　(Semi-monthly)　[ニューヨーク・タイムズ紙]

引用文献索引（citation index） 引用文献索引は，文献の引用文献や参考文献を起点として，ある文献が発表された後，その文献が誰の文献に引用されたかを知ることができる索引誌である。日本では出版されていないが，米国のISI社が発行する下記の索引誌が著名である。これらの索引誌は，それぞれ商用データベースとして有料で提供されている。データベースには抄録も収録している。下記のツールはすべて商用データベースでDIALOGなどから提供されているが，現在は，Web of Science（http://www.isinet.com/cgi-bin/dialogserver?DB=ISIsite/）という全分野をまとめて，Web上でサービスされている。

[引用文献索引の例]

 Arts and Humanities Citation Index Philadelphia ISI 1975- CD-ROM版，オンライン版 ［データベースも同名］，Web版

 Social Science Citation Index Philadelphia ISI 1956- CD-ROM版，オンライン版 ［データベース名はSocial SciSearch］，Web版

 Science Citation Index Philadelphia ISI 1955- CD-ROM版，オンライン版 ［データベース名はSciSearch］，Web版

書評索引（index of reviews） 書評索引は，新聞，雑誌，図書などの書評欄に掲載された書評は，図書の内容を知る一つの手がかりになる。インターネットのオンライン書店の一つであるbk1では，書評を掲載している。

[書評索引の例]

 書評年報 1970-2000年版 習志野 習志野書評年報刊行会 1971-2001

 bk1（ビーケイワン）の書評ポータル http://www.bk1.co.jp/

 Book Review Digest New York Wilson 1905- （Monthly）

 Book Review Index Detroit Gale 1965-

叢書合集索引 叢書，全集，論文集には，シリーズに中に個々の独立した作品や論文などを収録している。叢書合集索引は，叢書名や全集名とは別にその中に収められている個別の書誌データを知るためのものである。

[叢書合集索引の例]

 全集・叢書細目総覧 紀伊國屋書店 1973-1989

全集・叢書総目録　45/90　日外アソシエーツ　1992
論文集内容細目総覧　日外アソシエーツ　1993-1994

　4）抄録誌（abstract journal）　　抄録誌は，書誌データに原文献の内容を要約した抄録を掲載したツールである。索引誌では，文献の主題を，キーワードや標題からしか判断できないが，抄録があることにより，ある程度の内容を知ることができる。特に，自然科学分野における索引誌・抄録誌のデータベース化は進んでおり，国内外の抄録誌もCD-ROM版や商用データベースとしての利用が一般的である。以下に，抄録誌に関する定義を見ていくことにする。

『ALA図書館情報学辞典』（丸善　1988　p.111）

　　抄録誌：全部またはほとんどが特定の主題分野か主題分野グループの著作の抄録である学術雑誌。

『図書館情報学用語事典』（丸善　2002　p.105）

　　抄録誌：文献に対するアクセス手段と要約の提供とを目的とし，通常は主題分類の体系順に文献の書誌データと抄録を排列した定期刊行物。抄録作成に手間と時間を要するために，抄録誌が作成される専門分野は限定されている。収録対象は多様で，雑誌や新聞の記事のほかに，会議資料，学位論文，特許，テクニカルレポートなども対象とされている。冊子体の場合には，1年ないし数年分を対象とした累積索引が作成されることがある。抄録誌は索引誌と同じく，1960年代から作成過程の機械化が進行し，冊子体の抄録誌と同じ内容のデータベースが提供されている。日本の抄録誌の代表例は『科学技術文献速報』（1958-　）である。

『図書館用語集　三訂版』（日本図書館協会　2003）

　「抄録誌」の見出し語はないが，前述の「索引誌」のところに述べられている。

『図書館学ハンドブック　第5版』（日本図書館協会　1990）

　「抄録誌」の見出し語はない。

『図書館情報学ハンドブック　第2版』（丸善　1999　p.264）

　　抄録誌：抄録（abstract）は，特定の出版物や論文を追跡するのに十分な書誌データを伴ったうえで，出版物や論文の要約を提供する。抄録だけを掲載している定期刊行物を抄録誌という。

　抄録誌に掲載される抄録は，著作権の許諾を得て著者抄録をそのまま収録し

第3章　レファレンスツールの種類と特性　　　　　　　　　　　　　　　　*101*

ている場合と，抄録誌を作成している機関の抄録作成者が，一定の基準に従って，抄録を作成している場合がある。また，抄録誌に収録される文献の種類は雑誌論文が多いが，図書や特許明細書，学位論文なども収録対象としている抄録誌もある。また，下記に挙げた抄録誌の対象収録誌などは，世界的規模のものが多い。

[抄録誌の例]

科学技術文献速報　科学技術振興機構　1958- 　CD-ROM 版，オンライン版
　・世界の科学技術分野の学術雑誌論文の抄録を日本語で読める抄録誌である。主題分野別に刊行され，分野により刊行頻度が異なる。
CD-ROM 版　BUNSOKU　12編
オンライン版（JOIS）　JSTPlus, JMedPlus　 http://pr.jst.go.jp/db/jois/ 　（有料）

Biological Abstracts　BIOSIS　1926- 　CD-ROM 版，オンライン版　BIOSIS Previews, Web 版　[生物科学]

Chemical Abstracts　Chemical Abstracts Service　1907- 　CD-ROM 版，オンライン版　CA File, CA Search, Web 版　[化学]

Engineering Index　Engineering Information Inc.　1885- 　CD-ROM 版，オンライン版 Ei Compendex, Web 版　[工学]

Excerpta Medica　Elsevier Science　1947- 　CD-ROM 版，オンライン版　EMBASE, Web 版　[医学・薬学]

Library and Information Science Abstracts（*LISA*）　Bawker-Saur　1969- 　CD-ROM 版，オンライン版，Web 版　[図書館情報学]

Psychological Abstracts　American Psychological Association（APA）　1927- 　オンライン版　PsycInfo, Web 版　[心理学]

Physics Abstracts　Institution of Electrical Engineer（IEE）　1898- 　CD-ROM 版，オンライン版 INSPEC　[物理学]

5）目次速報誌（contents journal）　　索引誌や抄録誌は，一次文献を入手してからデータベース化するまでに，キーワード付与や抄録作成などの処理が必要なため，一般にタイムラグが生じる。そこで，新着雑誌の目次コピーを収録した目次速報誌が作成されている。日本では，目次速報誌はほとんど発行されていないが，遡及調査用の目次内容一覧ができるものはいろいろ刊行されて

> **抄録作成の留意事項**
>
> 1 内容について
>   (1) 主題の範囲，取り扱い方を明示する。
>   (2) 常識的な内容は除く。
>   (3) 著者が伝えたい内容を重点的に取り上げる。
> 2 書き方について
>   (1) 標題の内容の繰り返しは避ける。
>   (2) 客観的に書く。
>   (3) 簡潔で明快な表現をする。
>   (4) 一人称は使用しない。
>   (5) 原則として，原文献に使われている専門用語を使用する。
>   (6) 略語，略称，略号は，初めて出てくる箇所で説明を加える。
>   (7) 図表は原則として使用しない。図表・数式番号は引用しない。
>   (8) 単位番号，量記号は原文献に使用されているとおりに使用する。
>   (9) 商品名は，内容の理解に不可欠の場合に限り使用してよい。
>   ただし一般名，化学名を付記するのが望ましい。
>   (10) 数式，化学式は使用してよい。
>
> 出典：SIST01（科学技術情報流通技術基準　抄録作成）
>   http://www.jst.go.jp/SIST/handbook/sist01/main.htm

いる。下記に挙げた米国の ISI 社が作成する *Current Contents* が著名である。印刷物はポケットサイズのハンディーな体裁になっている。これもデータベース化されており，速報性を重視している。データベースは CURRENT CONTENTS SEARCH や Current Contents Connect（Web 版）がサービスされており，Web 版では目次，著者抄録，書誌情報が毎日更新されている。

[目次速報誌の例]
　Current Contents　ISI　1958-　CD-ROM 版, オンライン CURRENT CONTENTS SEARCH, Web 版
　『国立国会図書館所蔵国内逐次刊行物総目次・総索引一覧』国立国会図書館　1995
　『政府定期刊行物目次総覧』文化図書　1987-1993　10冊

3．インフォメーションファイル

　レファレンスサービスに必要とされる各種情報源は，必ずしも既存の出版物や情報源とは限らない。多種多様な情報要求に答えるためには，既存の出版物や情報源を補完するツールが必要である。
　インフォメーションファイルとは，既存の出版物では情報要求を充足できにくい事柄の情報源を補完する役割を持ち，単独ではレファレンスツールと扱えないような断片をまとめるなどして，ツールとして役立つようにまとめた非図書形態の各種資料の総称である。レファレンスツールとしては比較的に短期間役立つもの，整理しまとめることで，情報価値がでるものなど様々ある。特に，地域特性の強いもの，特定のニーズに特化したものが対象になる。既存の出版物に対して，自前のツールということができる。前者は特に公共図書館で，後者は特に専門図書館で要求が高い。

1）形　態

　形態が多様なため，保管に手間がかかる。整理にバインダーやファイル，フォルダーが必要になる。利用者が利用できるように保管場所を考慮する。事務用のものと区別しておく。

① パンフレット：
　「表紙を除いて5頁以上48頁以下の印刷された不定期刊行物」がパンフレットで，小冊子ともいう。製品カタログ，図書の付録，説明資料などの補助的刊行物に多い。カタログなどはいつのものであるかわかりやすい場所に明記しておくとよい。

② リーフレット：
　2頁から4頁までの二つ折りの綴じられていないものをいう。地図や図版に多い。

③ ビラ，チラシ，ポスター：
　大きさが一定していない。ビラ，チラシは台紙に貼るなどして保管する

必要がある。
④　切り抜き資料：
　　クリッピング資料ともいう。特定のテーマや製品，事柄について，新聞や雑誌などの記事を切り抜き台紙に張るなどしてまとめる。あるいはカードに記述してまとめることもある。
⑤　写真，スライド：
　　テーマや事柄別に保管する。

2) 種　類
①　他館および図書館の類縁機関の利用案内など：
　　他館に関する資料，博物館，美術館，文書館，文学館などの類縁機関の案内や紹介パンフレットなど。
②　地域資料：
　　特に公共図書館では地方議会・行政に関する各種刊行物の収集は必須。広報および公報類。その地域の文化，伝統，民俗に関する各種資料。
③　設置母体機関に関する資料：
　　その図書館の母体組織の刊行物および，その母体組織に関する刊行物。大学図書館なら大学の，専門図書館ならその母体となる企業や機関の要覧など，またはそれらに関する記事など。
④　出版案内：
　　出版社の出版案内には，出版物の内容などの詳細情報がのっている。
⑤　特定テーマに関する資料：
　　大学図書館および専門図書館では，その図書館の専門分野の特定テーマや製品・技術に関する情報を集める。公共図書館では，その地域に特化した情報を集める。切り抜き資料が多い。
⑥　その他：
　　各種名簿類，特定機関の刊行物など。

3）維持管理

　種類も形態も多種多様なため，維持管理には相当な手間がかかる。利用の便宜を図るためには，分類，キーワード，機関名・人名などの見出しをつけるなど，検索の手段が必要となる。またインフォメーションファイルを構成する個々の資料の情報価値は比較的短期間のため，常にファイルのアップデートが欠かせない。受け入れ年月日や，次号の受け入れ状況を参考にして，内容の点検を頻繁に行い，不要になったものを除き利用しやすいようにする。図書館全体の情報源構成ともバランスをとり一体化する必要がある。たとえば，月報類など資料的価値の高いものは図書として受け入れるなどの対応である。

　インフォメーションファイルは，その図書館のサービス方針や，利用者の情報ニーズによっても異なるためその館の方針とやり方を確立しておくことが重要である。

第4章　レファレンス質問のタイプと情報源

　図書館では利用者からのさまざまな情報ニーズがレファレンス質問として受け付けられ，レファレンス担当者は，第3章で述べたさまざまなツールを利用して回答している。回答で使用される最も中心となるものがレファレンスツールである。

　この章では，レファレンス質問のタイプ別に第3章で述べたレファレンスツールを利用して回答するポイントを，それぞれのテーマや主題別に解説する。

1．レファレンスツールのガイドを調べる

　レファレンス質問に答えるには，どのようなレファレンスツールがあるかを知り，それらの使い方を理解する必要がある。レファレンスツールのガイドを利用すると，どのような種類のレファレンスツールがあるのか，適切なレファレンスツールを探す手がかりが得られる。解題付きガイドは，レファレンスツールの内容を調べるのに適している。案内指示型レファレンスツール（書誌，目録，索引誌，抄録誌）を探す場合には，書誌を収録対象としている「書誌の書誌」を利用するとよい。特に索引誌や抄録誌は，商用データベースになっているものが多い。それらの詳細内容については，データベース作成機関やデー

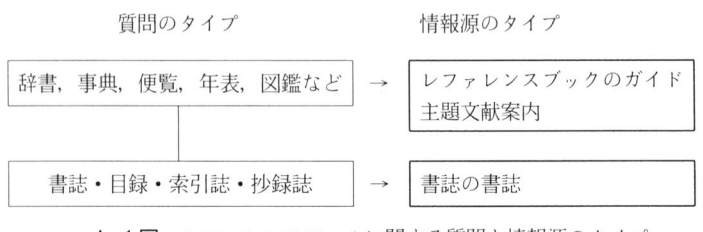

質問のタイプ		情報源のタイプ
辞書，事典，便覧，年表，図鑑など	→	レファレンスブックのガイド 主題文献案内
書誌・目録・索引誌・抄録誌	→	書誌の書誌

4-1図　レファレンスツールに関する質問と情報源のタイプ

タベース提供機関のWebページから，サーチエイドという形で公開されている（4－1図参照）。

【例題1】　1冊ものの百科事典には何があるか。

■回答へのポイント　百科事典は一般に何冊にもなる大部のものが多いが，1冊ものを知りたいというところがポイントである。百科事典を書名から探すことはできないので，以下の資料の目次から該当ページを見ていく。

●回答例

『日本の参考図書』（第4版　日本図書館協会　2002）

　日本十進分類法に準じて排列しているので，総記の百科事典（1巻もの）というところを見ると,10種の1巻ものの書誌データと解題を読むことができる。

『辞書・事典全情報』(1990-1997　日外アソシエーツ　1990)

　日本十進分類法に準じて排列しているので，百科事典というところを見ると，そこに書誌データと内容が掲載されているので，1冊ものかどうかを記載を見て判断する。

【例題2】　日本史の便覧で，できるだけ新しいものを知りたい。

■回答へのポイント　新刊のレファレンスブックを知るためのツールを調べること，および主題が日本史を扱っているので，主題から探せるツールを使用することがポイントである。下記のツールはいずれも日本十進分類法に従って，主題から探すことができる。

●回答例

『年刊参考図書解説目録』(2002　日外アソシエーツ　2002)

　日本十進分類法に準拠しているので目次を見ると，歴史・地理の項目に，日本史，日本史―古代，日本史―中世，日本史―昭和があることがわかる。該当ページを参照し，参考図書の種別の〈ハンドブック〉を見る。また，書名索引からも探せるようになっているので，日本史から始まる書名の場合は，この索引を利用することもできる。

『辞書・事典全情報』(1990-1997　日外アソシエーツ　1990)

日本十進分類法に準拠しているので，歴史・地理の歴史に続いて，日本史の該当ページを見る。書名や内容にハンドブックや便覧，要覧，ガイドブック，マニュアル，データブックなどという言葉が使用されているものを選択する。

【例題3】 図書館と自由に関する文献リストは発表されているか。
■回答へのポイント　主題を表すキーワードから書誌を探すことができるツールを使用することがポイントである。
●回答例
『主題書誌索引』（1992-2000　日外アソシエーツ　2001）
　'図書館と自由'というキーワードに文献目録，参考文献などがリストされている。
『書誌年鑑』（2003　日外アソシエーツ　2004）
　'図書館⇔自由'というキーワード見出し，あるいは'自由⇔図書館'という見出しから探す。'図書館'と'自由'のどちらからでも探せるように見出し語が用意されている。両者の見出し語の場所に，同一文献の書誌データが記載されている。
　気を付けなければならないこととして，このツールは年刊であるため，毎年1冊ずつさかのぼって調べていく必要があるという点である。

2．ことば・文字を調べる

ことばや成句の表記，語（字）源，意味，用例，出典などを調べる場合には，辞典（辞書）を用いる。ことばの意味を調べるには，ことばの読みがわかっている場合は「国語辞典」，読みがわからない場合は字画から引ける「漢和辞典」を用いる。漢字の読み，熟語の意味・用法にも「漢和辞典」を用いる。このほか，故事ことわざ，類語，反意語，古語，新語，外来語，方言，学術用語などを調べたい場合は，それらの語句を多数収録し，より詳細に解説している「特殊辞典」を用いるとよい。専門用語については，その分野に関する事項を解説

している「専門事典」で調べる必要がある。その時，事前に専門知識を得る意味では，一般的な「国語辞典」も役に立つ。ある作品における語句の用例，出典などを調べるには「用語索引」を用いる（4-2図参照）。

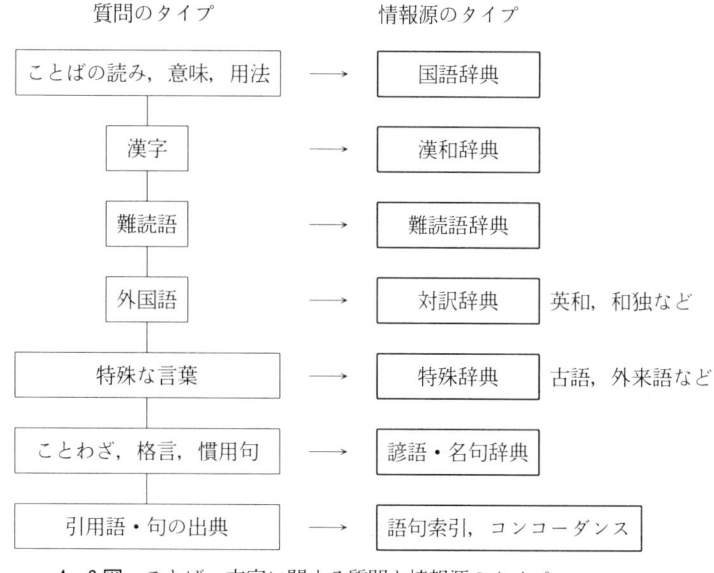

質問のタイプ		情報源のタイプ	
ことばの読み，意味，用法	→	国語辞典	
漢字	→	漢和辞典	
難読語	→	難読語辞典	
外国語	→	対訳辞典	英和，和独など
特殊な言葉	→	特殊辞典	古語，外来語など
ことわざ，格言，慣用句	→	諺語・名句辞典	
引用語・句の出典	→	語句索引，コンコーダンス	

4-2図　ことば・文字に関する質問と情報源のタイプ

【例題1】「白亜（はくあ）」とはどのような意味か。

■回答へのポイント　すでに読みがわかっていることばの意味を調べるには国語辞典を用いる。

●回答例

『広辞苑』（第5版　岩波書店　1998）

「はく-あ【白堊・白亜】」から引くと，「(ハクアクの慣用読み。「堊」は，白土の意) ① 泥質の軟らかい石灰岩。ココリス（石灰質プランクトン）・有孔虫などの遺骸や貝殻に由来する泥灰質粉末から成る浅海成層をつくる。白墨・石灰の原料，白壁の塗料とする。チョーク。② 白壁。「―の殿堂」」とある。

『日本国語大辞典』（第2版　小学館　2000-2002　15冊）

「はく-あ【白亜・白堊】」から引くと，「① イギリス・フランス・アメリカ

などの白亜系から産する灰白色のもろい泥灰岩。有孔虫その他貝類の化石を含む。チョーク。白墨。はくあく。② 白く塗られた壁。白壁。」とあり，それぞれの語釈の後に用例文が挙げられている。

【例題2】 「鎹」の読みと意味を知りたい。
■回答へのポイント　読みがわからない漢字を調べるためには，字画から引ける漢和辞典を用いる。
●回答例
『広漢和辞典』(大修館書店　1981-1982　4冊)
　「鎹」の総画数は18画なので，「索引」の巻の「総画索引」で18画のところを見ると，部首「金」のところに「鎹」があり，下巻のp.1031との指示があった。下巻p.1031で「鎹」を見ると，「かすがい。両材を接合させるのに使う二本足の釘。朔。」とある。
『広辞苑』(第5版　岩波書店　1998)
　「かすがい【鎹】」から引くと，「① 戸をとざす金具。かけがね。② 建材の合せ目をつなぎとめるために打ち込む両端の曲った大釘。③ 両者の間をつなぎとめるもの。「子は―」」とあった。

【例題3】 「時雨」「雲母」「山茶花」「科白」は，それぞれどのように読むか。
■回答へのポイント　一般辞書には載らない，特殊な読み方をする字は，難読語辞典を調べる。
●回答例
『難訓辞典』(東京堂　1956)
　それぞれのことばの最初の一字の画数から調べる。「時雨」の「時」は10画なので，10画の「時」のところを見ると，「時雨　しぐれ」とある。同様に，12画の「雲」のところで「雲母　きらら　きら　うんも」，3画の「山」のところで「山茶花　さざんか」，9画の「科」のところで「科白　せりふ」との読みがわかる。

【例題4】「サイバーモール」とはどのような意味か。
■回答へのポイント　最近使われ始めた新しいことばを収録している新語辞典や，もとは外国語であったが国語として用いるようになった語などを収録している外来語辞典・カタカナ語辞典を調べる。
●回答例
『イミダス：情報・知識　2004』（集英社　2004）
　「項目索引」を「サイバーモール」で引くと，p.1419との指示がある。このページを見ると，「カタカナ語・欧文略語」の解説ページにおける見出し語として「サイバーモール」があり，「サイバーモール［cybermall］　インターネット上で買い物ができるショッピングセンター。バーチャルモールとも。」とある。
『パーソナル　カタカナ語辞典』（学習研究社　1999）
　「サイバーモール」で引くと，「サイバーモール［cybermall］　電子仮想商店街。インターネットの利用者を対象とした仮想の商店街。また，そこで行われる電子商取引。」とあった。

【例題5】「ひねもす」とはどういう意味か。また，別のことばで何というか。
■回答へのポイント　この問題は，二つの異なるタイプの辞典を調べる必要がある。意味は国語辞典でも出ている可能性があるが，ここでは古語辞典で答えを求める。別のことばは類語辞典を調べる。
●回答例
『岩波古語辞典』（補訂版　岩波書店　1990）
　「ひねもす」から引くと，「ひねもす【終日】　朝から晩まで一日中。日がな一日。「ひめもす」とも。」とある。
『類語国語辞典』（角川書店　1985）
　巻頭の索引を「ひねもす」から引くと，「終日　ひねもす　154g」とある。「154」という番号が割り当てられている「常時」ということばの，「g［日がな一日・夜通し］」の意味の欄を見ると，「一日中。朝から晩まで。」という意味をもつことばには，「終日（ひねもす）」のほかに，「日がな一日（ひがないちに

ち)」「日暮らし（ひぐらし)」などがあった。

3．事柄・事象・データを調べる

　事物，事象，事件，生物などを調べるときには，第一のステップとして，知識の全分野にわたり，必要とする項目を概括的・要約的に解説し，総合的に集大成した「百科事典」を活用するとよい。調査内容の確認や専門分野に関する予備調査にも，「百科事典」や項目数の多い百科事典的な「国語辞典」などを用いると効率的である。さらに，特定主題の観点から解説した主題百科事典や専門用語辞典などの「専門事典」へと進む。「便覧」は事典類とは異なり，一定の体系のもとに多くの表，図などを用いて専門事項や術語を解説したハンディなものである。「図鑑」は，事物や生物の特徴を図絵や写真によって説明したものである。統計的なデータを得るには「統計索引」を活用し，「統計年鑑」などを調べるとよい。「法令集」には多くの分野を収めたものと，主題分野のものがある（4-3図参照）。

【例題1】　万国博覧会の歴史，意義，概略などを知りたい。
■回答へのポイント　　万国博覧会について全般的な情報を求めているので，百科事典を使用する。複数の異なる百科事典で引きくらべを行うとよい。
●回答例
『世界大百科事典』（平凡社　1988）
　見出し語「万国博覧会」から引くと，「時代の最先端をいく世界各国の科学技術の粋を一堂に集めて展示するほか，各国それぞれのお国ぶりを紹介する展示や催物により国際交流を深めようとする世界最大の博覧会。万国博，万博とも呼ばれる。その第1回はイギリスのビクトリア女王の夫君アルバート公の強い後押しもあって1851年ロンドンのハイド・パークで開かれ，約40の国が参加した。（中略）1928年には国際博覧会条約が結ばれ，パリに国際事務局が設けられた。（後略)」とある。

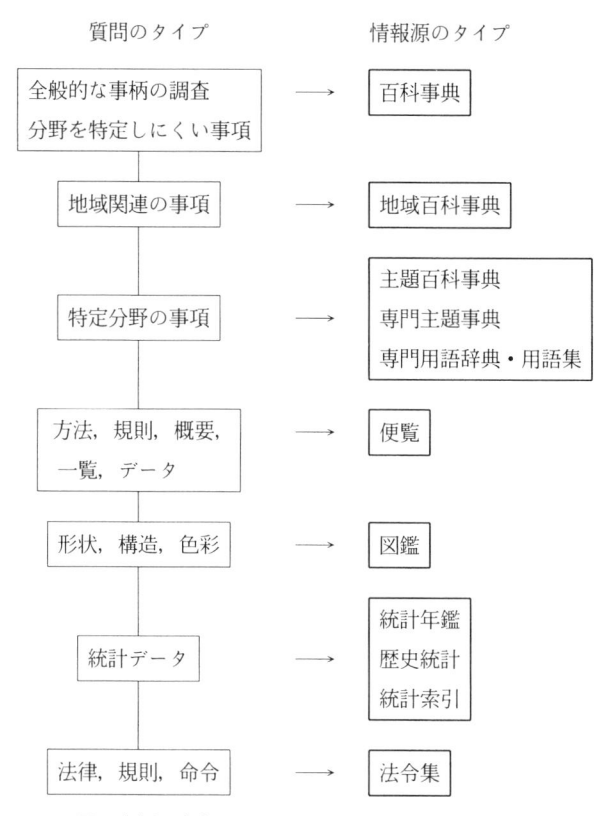

第4章　レファレンス質問のタイプと情報源　　　113

```
質問のタイプ                        情報源のタイプ

┌─────────────────┐              ┌──────────┐
│全般的な事柄の調査 │ ──→          │ 百科事典  │
│分野を特定しにくい事項│            └──────────┘
└─────────────────┘
         │
┌─────────────────┐              ┌──────────┐
│ 地域関連の事項    │ ──→          │地域百科事典│
└─────────────────┘              └──────────┘
         │
┌─────────────────┐              ┌──────────────┐
│ 特定分野の事項    │ ──→          │ 主題百科事典  │
└─────────────────┘              │ 専門主題事典  │
         │                       │専門用語辞典・用語集│
                                 └──────────────┘
┌─────────────────┐              ┌──────────┐
│方法，規則，概要， │ ──→          │  便覧    │
│一覧，データ      │              └──────────┘
└─────────────────┘
         │
┌─────────────────┐              ┌──────────┐
│ 形状，構造，色彩  │ ──→          │  図鑑    │
└─────────────────┘              └──────────┘
         │
┌─────────────────┐              ┌──────────┐
│  統計データ      │ ──→          │ 統計年鑑  │
└─────────────────┘              │ 歴史統計  │
         │                       │ 統計索引  │
                                 └──────────┘
┌─────────────────┐              ┌──────────┐
│ 法律，規則，命令  │ ──→          │ 法令集   │
└─────────────────┘              └──────────┘
```

4-3図　事柄・事象・データに関する質問と情報源のタイプ

『日本大百科全書』(小学館　1988)

　見出し語「万国博覧会」のもとに，「国際的な規模と視野で開かれる博覧会。万博，EXPO (Exposition) とも略される。」との説明があり，その後に，「起源と19世紀の万国博覧会」「国際博覧会条約」「万国博覧会と日本」との小見出しを設けて解説している。また，これまでの主要な万博を表にまとめている。

【例題2】「アフラ・マズダ」とは，どのような神か。
■回答へのポイント　どのような神かと特定テーマについて問われているので，宗教に関する専門事典で「アフラ・マズダ」について調べる。

●回答例

『世界宗教大事典』(平凡社　1991)

　見出し語「アフラ・マズダ」から引くと,「ゾロアスター教の主神。〈英智(マズダー)の主(アフラ)〉の意。ゾロアスター自身の教えでは創造神,最高神であったが,ササン朝期の二元論的教義においては,悪と暗黒の邪神アフリマンAhrimanと対立する善と光明の神と位置づけられるようになった(当時はオフルマズドと発音)。(後略)」とある。

『世界宗教事典(新版)』(青土社　1999)

　見出し語「アフラ・マズダー」のもとに,「'賢明な神'もしくは'知恵の神'の意。ゾロアスターとその弟子たちによって用いられた神を表す語である。ゾロアスターは新しい神を導入したのではなく,むしろ一般的な'神'アフラの一者を,完全な善,絶対的な崇拝にふさわしい唯一の創造者として独自な地位へと高めたのである。(後略)」とある。

【例題3】「ユネスコ公共図書館宣言」の内容を知りたい。
■回答へのポイント　　図書館学,図書館情報学分野の事典や便覧を調べる。
●回答例

『図書館情報学用語辞典』(第2版　丸善　2002)

　「ユネスコ公共図書館宣言」とはどのようなものか調べると,「ユネスコ加盟国が公共図書館の本質的役割や目的,運営の原則についての共通認識を表明したもの。1949年に初めて宣言され,1972年と1994年に改定されている。公共図書館を教育,文化,情報面での活力源とみなし,また,民主主義を支え,人々の平和と精神面での福祉を推進する機関として位置づけている。さらには,アクセスの平等を保障し,無料,公費による支弁,法に基づく設置といった活動原則をうたっている。(後略)」とある。

『図書館ハンドブック』(第5版　日本図書館協会　1990)

　「和文索引」を「ユネスコ公共図書館宣言」から引くと,「ユネスコ公共図書館宣言(全訳)」があり,p.488-9との指示があるのでこのページを見ると,「資

料編　図書館関係法規・基準」の中に「ユネスコ公共図書館宣言」がある。ここでは最初に、「この宣言は1972年に公表されたものであるが、ここに、そのままの形で収録する。（後略）」との記述があり、続いて全訳、そして最後に［森耕一訳『公共図書館のガイドライン』より］とあった。

『図書館情報学ハンドブック』（第2版　丸善　1999）

　「和文索引」を「ユネスコ公共図書館宣言」から引くと、p.765、p.829（公共図書館の使命）、p.927-929（全文）とある。順に見ていくと、p.765には「7.4.2　法令，規則，基準」の中の記述として「1994年に裁決された〈ユネスコ公共図書館宣言（Unesco Public Library Manifesto）〉（中略）で確認されている〈公開の原則〉〈無料の原則〉〈公費負担の原則〉は近代公共図書館理念を支える三大原則である。（後略）」とあり、p.829では「表7.9　ユネスコ公共図書館宣言（1994年）における公共図書館の使命」として12点の使命が挙げられていた。p.927-929には1994年の全文（日本語）があり、この最後に「長倉美恵子訳（JLA国際交流委員会の意見を反映）」とあった。

【例題4】　日本各地の平均気温と月別の降雨量を知りたい。
■回答へのポイント　気象に関するデータを収録するデータブックや便覧を調べる。気象に関する年鑑では前年の気象データをまとめて掲載している。
●回答例
『理科年表　平成15年　2003』（机上版　丸善　2002）
　目次で「気象部」を見ると、「各年の月平均気温」という項目があるので、そこを開くと、1961年から2001年までの各年における、札幌、仙台、新潟、名古屋、東京、広島、大阪、福岡、鹿児島、高松、那覇の月別の平均気温が掲載されている。降雨量については、同じく「気象部」の「降水量の月別平年値（1971年から2000年までの平均値）」として、全国80ヶ所の観測地点における降水量の平年値が掲載されている。
『気象年鑑　2003年版』（気象業務支援センター　2003）
　目次を見ると「2002年主要地の観測値」とあり、ここを見ると、札幌、帯広、

秋田，仙台，新潟，金沢，東京，松本，名古屋，大阪，松江，広島，高知，福岡，鹿児島，那覇，富士山の，2002年における月別の平均最高気温，平均最低気温，降水量が掲載されている。

【例題5】 沙羅樹とはどのような木か。花の様子も知りたい。

■回答へのポイント　どのような木かと解説を求められているので，植物の専門事典を調べる。花の様子については，色・形状を知るために植物図鑑を調べる。

●回答例

『図説草木名彙辞典』（柏書房　1991）

　五十音索引で「さらじゅ」引くと「さらさうじゆ　娑羅双樹」がある。この「娑羅双樹」について見てみると，「① インド原産の常緑大高木（自生）。娑羅双樹・娑羅・沙羅・娑羅樹・娑羅樹・沙羅樹（後略）」「② 夏椿（なつつばき）の別称。」とある。

『植物3.2万名前大辞典』（日外アソシエーツ　2008）

　サラソウジュを見る。Shorea robusta Gaertn F. フタバガキ科の常緑高木，別名サラノキ。仏教の聖木。花は淡黄緑色。

『図説草木辞苑』（柏書房　1988）

　さらそうじゅ（沙羅双樹）をみる。上記「図説草木名彙辞典」の記述と同様の記述を得る。さらに以下の内容の記述があった。和名はsala（梵語）より。釈迦入滅の時，臥床の四方に2本ずつあった。この木が白花を開いて林をおおい，程なく枯れたと伝える。

『牧野新日本植物図鑑』（改訂増補　北隆館　1989）

　「沙羅樹」を「さらじゅ」と読み，「日本名索引」から探すが，それらしいものが見当たらない。「ナツツバキ」から引くと，p.183とあり，そこを見ると，「ナツツバキ（シャラノキ）」があった。花の図も添えられている。本文を読むと，「山中にはえる落葉高木でまた時々庭木として植えられる。（中略）〔日本名〕夏椿の意味で夏にツバキのような花を開くからである。またシャラノキはこの

木をインドのシャラノキ（沙羅樹）と間違ったことに基づく。」とある。「日本名索引」を「シャラノキ」から引いてみると，p.183とあり，「ナツツバキ」のことであった。

【例題6】 都道府県の中で人口密度の上位と下位それぞれ5位までを知りたい。また，平均値はどのくらいか。
■回答へのポイント　人口密度および平均値は統計で示される。わが国の現状をまとめた「統計」で調べる。
●回答例
『日本統計年鑑　平成16年　2004』（日本統計協会　2003）
　「第2章　人口・世帯」を見ると，表「2-3　都道府県別人口」に平成12（2000）年における都道府県別の人口密度が掲載されている。それによると，上位5位は高い順に，東京，大阪，神奈川，埼玉，愛知で，下位5位は低い順に，北海道，岩手，秋田，島根，高知であった。また，同表によると，全国平均は340（人/km^2）であった。
『日本国勢図会　2003/04』（矢野恒太記念会　2003）
　「第5章　府県と都市」における表「都道府県別の面積・人口・人口密度（Ⅰ），（Ⅱ）」に，2001年および2002年のデータが掲載されている。

【例題7】 労働組合とはどんなものか。また，関連の法律にはどんなものがあるか。
■回答へのポイント　内容を知るために労働に関する専門事典と，関連の法律を知るために法令集を調べる。
●回答例
『現代労働組合事典』（大月書店　1974）
　本書における「労働組合の定義」によると，「労働組合とは，資本家の搾取と抑圧に対抗して，労働者の生活と権利を守り改善し，さらに最終的には，資本家階級の支配から全労働者・人民を解放することをめざしてたたかう組織のこ

とであり，職場を基礎に組織される，労働者階級の自主的・階級的な大衆的基本組織のことである」(p.6)。

『六法全書　平成15年版』(有斐閣　2003)

　関連の法律については，『六法全書　平成15年版』(有斐閣　2003)の総目次を見ると「労働法編」があり，ここには「労働基準」「労使関係」「雇用政策・労働福祉」の各項目のもとに，労働基準法，最低賃金法，労働組合法，雇用保険法などが収録されている。また，関連の法規をコンパクトにまとめたものに『労働関係法規集　2003年版』(日本労働研究機構　2003)がある。

4．歴史・時を調べる

　ある歴史的事実の全般的調査や予備的調査には「歴史事典」を用いるが，「百科事典」で調べてもよい。さらに，専門分野の事典へと調査を進めることも効果的である。歴史的事実や人物に関する年代の確認には「年表」を用いる。年表には，専門分野の年表，通史的年表と時代史的年表があり，出典文献を付しているものもあるので，目的に応じて使い分ける。時事問題については「年鑑」を用いるが，特定分野の出来事や統計については，総合年鑑よりも，専門年鑑や統計年鑑で調べる方が有効である（4-4図参照）。

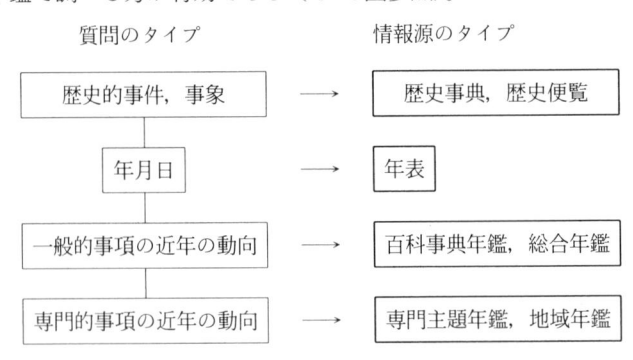

質問のタイプ	情報源のタイプ
歴史的事件，事象 →	歴史事典，歴史便覧
年月日 →	年表
一般的事項の近年の動向 →	百科事典年鑑，総合年鑑
専門的事項の近年の動向 →	専門主題年鑑，地域年鑑

4-4図　歴史・時に関する質問と情報源のタイプ

【例題1】　アロー号事件（戦争）とは，どんな事件か。

■回答へのポイント　世界の歴史上の事件に関する質問なので，世界史事典などを調べる。事典毎に索引語が異なる可能性がある。
●回答例
『新版　世界史事典』（評論社　2001）

「アロー号事件〔Arrow〕1856」を引くと，「広東港に停泊していた英船籍のアロー号に清官憲の臨検があり，清人乗組員が逮捕された事件。南京条約締結後予期したほど貿易の増加もなく，排外事件も頻発したので，さらに一撃を清に加えることを意図した英は，たまたま同年広西省で宣教師を殺害された仏と連合して，57年広東を占領，58年天津に迫り，ついに米・露2国を加えて天津条約を締結。(中略) 英仏連合軍は60年北京に迫り，清を屈服せしめ北京条約を締結。(中略) この戦争をアロー号戦争（1856〜60）・第2次アヘン戦争ともいう。」とある。

『世界歴史大事典』（教育出版センター　1985　全22巻）

「アロー戦争」を引くと，「アロー（Arrow）号事件に端を発した清国とイギリス・フランスとの戦争。第2次アヘン戦争ともいわれる。」との説明のあとに，「原因」「第1次英仏連合軍戦争」「第2次英仏連合軍戦争」という小見出しが設けられ，それぞれについて詳しく解説されている。

【例題2】「蛮社の獄」とは，いつ頃の，どのような事件か。
■回答へのポイント　日本の歴史上の事件に関する質問なので，日本史事典などを調べる。
●回答例
『日本史大事典』（平凡社　1993　全7巻）

「蛮社の獄」を引くと，「1839年（天保10）に起こった蘭学者弾圧事件。弾圧の対象とされたのは渡辺崋山とその同志である。」とあり，続けて，渡辺崋山やこの事件の背景について解説している。

『日本歴史大事典』（小学館　2001　全4巻）

「蛮社の獄」を引くと，「1839年（天保10）に起こった渡辺崋山とその同志に

対する弾圧事件で，シーボルト事件（1828年）とともに洋学史上最大の弾圧事件とされる。」とあり，続けて経緯などの説明がある。

【例題3】 文化勲章はいつ制定されたか。
■回答へのポイント　まず文化勲章について概要を得る。「いつ制定されたか」は年時を調べる必要があるので，年表を調べる。年表は複数チェックする。
●回答例
『世界大百科事典　改訂新版』（平凡社　2007）
　文化勲章について概要を得る。科学や芸術などの発展に貢献した者に授与される勲章。1937年2月11日の文化勲章令（勅令）によって制定された。（中略）1951年文化功労者年金法ができてからは，文化勲章受章者は同時に文化功労者として文化功労年金を受ける。1949年度からは，年1回文化の日（11月3日）に授与が行われる（後略）。
『朝日クロニクル20世紀　完全版：日本と世界の100年；第3巻』（朝日新聞社　2000）
　1930-1940年版の1937-21に，1937年（昭和12年）1-3月のクロニカルがある。2月11日を見ると，文化勲章令公布施行とある。4月28日第1回授与式。科学関係で長岡半太郎，本多光太郎，木村栄，芸術関係で，佐佐木信綱，幸田露伴，岡田三郎助，竹内栖鳳，横山大観，藤島武二の計9名が受賞，とある。
『近代日本総合年表』（第4版　岩波書店　2001）
　巻末索引で「文化勲章」を引くと，37-2d，37-4eとある。37-2dは1937年2月の「学術・教育・思想」の欄，4eは同年4月の「芸術」の欄に記載があることがわかる。1937年のページでこれらの欄を見ると，「2.11 文化勲章令公布施行（4.28 長岡半太郎・本多光太郎・木村栄，第1回受賞）．」，「4.28 第1回文化勲章授与式．芸術関係では佐佐木信綱・幸田露伴・岡田三郎助・竹内栖鳳・横山大観・藤島武二．」とあった。以上のことから，文化勲章は昭和12(1937)年に制定されたことがわかる。

【例題4】 アメリカのウォーターゲート事件とは，いつのことか。
■回答へのポイント　事件について概要を得るために，百科事典を調べ，年表で詳細な日時を確認する。
●回答例
『ブリタニカ国際大百科事典』（ティビーエス・ブリタニカ　1995　全20巻）
　総索引を「ウォーターゲート事件」で引くと，第14巻の64ページに記述があることがわかった。そのページを見ると，ウォーターゲート事件とは，「1972年の選挙戦初期にニクソン再選委員会の関係者が民主党本部に忍び込み，盗聴器を仕掛けようとした事件」とあった。
『世界史大年表』（山川出版社　1992）
　1972年の欄を見ていくと，6月17日に「〔米〕ワシントンのウォーターゲート」との記述があり，「ビルの民主党事務所に盗聴器を仕掛けようと侵入した7人，逮捕される：「ウォーターゲート事件」の発端．」と続く。
『トピックス＆エピソード　世界史大年表』（平凡社　1985）
　索引で「ウォーターゲート事件」を引き，p.871に記述ありとのことなのでこのページを見ると，1972年の6月17日午前2時頃から6月20日までの間についての事件の顛末が詳細に記述されていた。以上より，「ウォーターゲート事件」は，1972年6月17日のことであるとわかった。

【例題5】 近年の日韓関係について知りたい。
■回答へのポイント　近年の百科事典年鑑，専門年鑑などを調べる。
●回答例
『ブリタニカ国際年鑑　2002』（ブリタニカ・ジャパン　2002）
　「世界の国々・地域」における「大韓民国」のページを見ると，2001年の政治に関する解説があり，その中に「日韓関係も日本の「新しい歴史教科書をつくる会」の教科書採択と小泉純一郎首相の靖国神社参拝問題で悪化した。しかし問題の歴史教科書を採用した学校がきわめてわずかで，小泉首相も10月に韓国を訪問し誤解の解消に努力したことから，一応の和解をみた。02年のサッカ

ー・ワールドカップ共同開催を成功させなければならない事情があり，日韓両政府とも事態の打開を急いだ。」との記述がある。

『アジア動向年報　2003』（アジア経済研究所　2003）

　「各国・地域の動向」における「大韓民国」のページを見ると，「2002年の韓国」として「概況」「国内政治」「経済」「対外関係」「2003年の課題」について解説がある。「対外関係」の中に「対日本」との見出しがあり，ここでは「１．小泉首相の訪韓」「２．日韓投資協定」「３．ワールドカップ開催時の両首脳訪問」について詳細に解説されている。

5．場所・地理・地名を調べる

　地理の用語や自然地理・人文地理に関する調査では「地理事典」が役に立つ。ある地名の由来，位置，規模，人文的・自然的環境などを調べる時は「地名事典」を，ある地域・地名の位置や自然的環境を視覚的に知るには「地図」や「地図帳」を用いる。有名地や観光情報を調べる時は「旅行案内書」や「ガイドブック」がよい。また，ある国・地域の住民の生活，経済，社会，文化などについての情報を得るには「地域事典」のほか「地域年鑑」や「地域要覧」などを用いる（4-5図参照）。

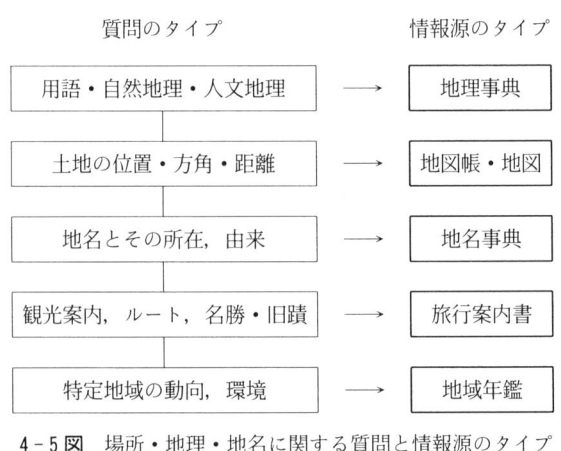

質問のタイプ		情報源のタイプ
用語・自然地理・人文地理	→	地理事典
土地の位置・方角・距離	→	地図帳・地図
地名とその所在，由来	→	地名事典
観光案内，ルート，名勝・旧蹟	→	旅行案内書
特定地域の動向，環境	→	地域年鑑

4-5図　場所・地理・地名に関する質問と情報源のタイプ

第4章　レファレンス質問のタイプと情報源

【例題１】　スペインのバルセロナの概要，地形などを知りたい。
■回答へのポイント　　外国の特定都市についての全体的説明を得るためには，外国の地名事典などを調べる。
●回答例
『コンサイス外国地名事典』(第3版　三省堂　1998)
　「バルセロナ」から引くと，「① スペイン北東部，カタルーニャ地方の州。地中海に面する。州都バルセロナ。(中略) ② バルセロナ州の州都，同国最大の港湾・工業都市。(後略)」とある。
『世界地名大事典』(朝倉書店　1973　全8冊)
　「ヨーロッパ・ソ連」編の「バルセロナ」の項目を見ると，「スペイン東北部，カタルーニャ地方，地中海に臨む同国最大の港湾都市。(中略) リョブレガット Lliobregat 川の野菜栽培のさかんな大デルタの北側に位置し，地中海に向って緩やかな斜面を有する丘陵に背後をとりまかれた幅4～6kmの海岸平野に発達した港市 (後略)」とあり，歴史，文化，街並み等についても記述がある。

【例題２】　オスマントルコ帝国とは，どのような範囲であったか。
■回答へのポイント　　オスマントルコ帝国がいつの時代の国家であるかを確認してから，領土の範囲を知るために世界の歴史地図を調べる。
●回答例
『世界大百科事典　改訂新版』(平凡社　2007)
　索引巻で，「オスマントルコ帝国」を見るがなく「オスマン帝国」の見出しがある。4巻p.255オスマン帝国を見る。
　オスマントルコ帝国 (オスマン帝国) とは，中央アジアから移住したトルコ族によって建国され，西アジア (イランを除く)，北アフリカ，バルカン，黒海北岸，カフカス南部を支配したイスラム国家 (1299～1922年) である。正式名称はアーリ・オスマン。
『アジア歴史地図』(平凡社　1966)
　巻末の「カナ索引」を「オスマン帝国」と「オスマン・トルコ」から引くと，

オスマン帝国の領土拡張，オスマン・トルコ帝国の最大領域，13～14世紀・17～18世紀の西アジアにおけるオスマン・トルコ帝国，15世紀・19世紀のアジアにおけるオスマン・トルコ帝国の地図などが掲載されているページがあった。

【例題3】　ロプノールとはどこにあるか。位置を知りたい。
■回答へのポイント　世界の地名事典でロプノールについて概要を得てから，位置については世界地図（帳）を調べる。
●回答例
『コンサイス外国地名事典』（第3版　三省堂　1998）
　「ロプノール」から引くと，「ロプ‐ノール　羅布泊」とあり，「中国，西北地区西部，新疆ウイグル自治区東部の湖。タリム盆地，タクラマカン砂漠東部に位置。（中略）1928（年に）S．ヘディンによって測定された位置・大きさは北緯43°30'，東経90°30'，長さ約95km，幅25～35kmであった。位置や形状が大きく変化するので，S．ヘディンによって"さまよえる湖"と呼ばれた。（後略）」とある。

『世界大地図帳』（六訂版　平凡社　2003）
　巻末にある「地名索引」の「和文索引」を「ロプノール」から引くと，「ロプ・ノール（羅布泊）　中国，新疆ウイグル自治区」とあり，p.8のH4の位置，p.22のE3の位置が示されていた。該当のページ・位置を見てみると，縦に細長い湖の横に「ロプ・ノール（羅布泊）」との表記があった。

【例題4】　東京都文京区の春日という地名の由来，歴史などを知りたい。
■回答へのポイント　日本の地名事典を調べる。複数の事典で記述を補完する。
●回答例
『日本地名大百科　ランドジャポニカ』（小学館　1996）
　「春日」から引くと，「春日　かすが　［東京都文京区］」との見出しがあり，ここを読むと「区南部，小石川台地上にある地区。地名は3代将軍徳川家光の

第4章　レファレンス質問のタイプと情報源　　　　　　　　　　　125

乳母春日局（かすがのつぼね）の屋敷地（都営地下鉄三田線春日駅付近）に由来するという。（後略）」とある。
『角川日本地名大辞典 13 東京都』（角川書店　1978-90　47巻，別巻）
　「地名編」を「春日」で引くと，「かすが　春日　⇒　〈地誌編〉文京区」とあるので，目次で「地誌編」の「文京区」のページを調べると，文京区の現況や立地，沿革などについての詳細な記述がある。そこから何ページかめくると「現行行政地名」との見出しのもとに「かすが　春日1～2丁目」という項目があり，「〔成立〕昭和39年8月1日住居表示実施〔直前〕小石川2丁目・仲町・大門町・金富町，春日町2丁目・水道町・大和町・表町・第六天町・同心町の各一部（中略）小石川北野神社は通称牛天神，境内に明治初期の歌人中島歌子の歌碑がたつ。なお2丁目の出版健保会館付近は永井荷風の生誕地。」とある。

【例題5】　マチャプチャレという山の位置，標高などを知りたい。
■回答へのポイント　　世界の山岳百科や，山に関する辞典・事典等を調べる。
●回答例
『コンサイス外国山名辞典』（三省堂　1984）
　「マチャプチャレ」から引くと，「マチャプチャレ　Machhapuchhare」との見出しのもとに，「ネパール中部。アンナプルナ山群の中心部。ポカラの北約25km。標高6,993m。登山基地ポカラから見るアンナプルナ連山の中心にそびえ，ネパールのマッターホルンの異名をもつ名峰。(中略)山名はネパール語でマチャは魚，プチャレは尻尾，つまり魚の尻尾の意。ポカラの町からは一つの尖峰になって見えるが，場所をかえて西か東から見ると，南峰と北峰がはっきり分かれ，ちょうど魚が尻尾を振り上げた格好になる。（後略）[28°30'N, 83°57'E]」とある。
『世界山岳百科事典』（山と渓谷社　1971）
　上記辞典の記述内容に加えて，以下の内容の記述を得る。
　1956年春北稜ルートを発見。翌57年6月2日に頂上直下50メートルまで到達。原住民の信仰対象の山として，頂上を踏まないとの約束があったため，初

登頂に等しいと解釈できる。

6. 人物・団体・企業を調べる

　人物情報は，人物そのものの情報か，または人物情報を手がかりにして関連情報を探すのかを見極める必要がある。姓名に関しては，読み方（難読氏名）フルネーム，ペンネーム，通称，同姓同名，書き方（同音・同訓，同音異綴り），欧米人の漢名や記述の仕方などを調べる。履歴に関しては，生没年，出身地，所属，身分，役職，経歴，業績，家族などを調べる。故人と現存者，実在者と架空の人物かにより使用するツールが異なる。「人名事典」類，「読み方辞典」類を使用する。どの辞典・事典に記載があるかを調べるには，「人物レファレンス事典」（外国人の場合は「外国人物レファレンス事典」）を利用する。

　団体および機関に関しては，名称，所在地，構成員，業績内容，刊行物を調べる。「団体・機関名鑑」類を使用する。企業の場合は，「企業名鑑」類を使用する。これらを総称してディレクトリという。

　ある人物の自伝・伝記やその人物に関する研究や関連の文献を調べるには，「人物に関する文献索引」および「人物書誌」類を使用する。

　事典や辞典，ディレクトリ類は事実解説型（回答型），文献索引および人物書誌類は案内指示型（案内型）の2次情報である。人物・団体・企業を調べるためには，異なるタイプの情報源を使用しなければならない。（4-6図参照）

【例題1】　物集高見という人名の読み方を知りたい。
■回答へのポイント　　人名の読み方辞典および難読人名辞典などを調べる。
●回答例
『増補改訂　人名よみかた辞典　姓の部』（日外アソシエーツ　1994）
　本書では，姓の先頭第一文字を親字とし，この親字を見出しとして部首順に排列している。まず，「物」がもつ本書での一連番号を巻頭の「音訓よみ　姓のガイド」から調べると，〔804〕とあった。次に，本文の【804】物（p.308）を参

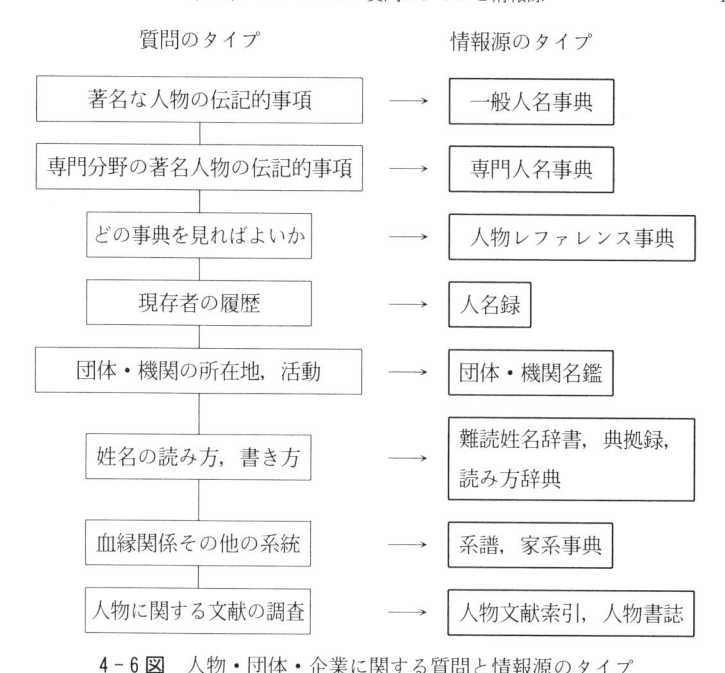

第4章　レファレンス質問のタイプと情報源　　127

```
    質問のタイプ              情報源のタイプ

 ┌──────────────────┐       ┌──────────────┐
 │ 著名な人物の伝記的事項 │  →   │  一般人名事典  │
 └──────────────────┘       └──────────────┘
 ┌──────────────────────┐   ┌──────────────┐
 │専門分野の著名人物の伝記的事項│→│  専門人名事典  │
 └──────────────────────┘   └──────────────┘
 ┌──────────────────┐       ┌──────────────────┐
 │ どの事典を見ればよいか │  →   │ 人物レファレンス事典 │
 └──────────────────┘       └──────────────────┘
 ┌──────────────────┐       ┌──────────────┐
 │    現存者の履歴    │  →   │    人名録     │
 └──────────────────┘       └──────────────┘
 ┌──────────────────────┐   ┌──────────────┐
 │ 団体・機関の所在地，活動 │  →   │ 団体・機関名鑑 │
 └──────────────────────┘   └──────────────┘
 ┌──────────────────┐       ┌──────────────────┐
 │ 姓名の読み方，書き方  │  →   │ 難読姓名辞書，典拠録，│
 │                  │       │ 読み方辞典        │
 └──────────────────┘       └──────────────────┘
 ┌──────────────────┐       ┌──────────────┐
 │ 血縁関係その他の系統 │  →   │  系譜，家系事典 │
 └──────────────────┘       └──────────────┘
 ┌──────────────────────┐   ┌──────────────────┐
 │ 人物に関する文献の調査 │  →   │ 人物文献索引，人物書誌 │
 └──────────────────────┘   └──────────────────┘
```

4-6図　人物・団体・企業に関する質問と情報源のタイプ

照すると，「物集　もずめ」との項目があり，このもとに「物集高見　もずめ・たかみ　国学者」との記載があった。なお，別冊で同書の『名の部』（日外アソシエーツ　1994）もあり，こちらでは名の先頭第一文字を親字とし，さまざまな名前の読みを調べることができる。

【例題2】「アラビアン・ナイト」の訳者，バートンのフルネームを知りたい。
■回答へのポイント　　西洋人名辞典・事典を調べる。「外国人物レファレンス事典」でどの事典・辞典に載っているか確認するとよい。西洋人の調査の注意点は，読み（カタカナ表記）が様々あること，ツールには「姓，名」の順に記述されているので，名前なのか苗字なのかを見極めることが大切である。
●回答例
『岩波西洋人名辞典　増補版』（岩波書店　1981）

「バートン」から引くと,「バートン　Barton」と「バートン　Burton」があるので,この両方を見ていくと,「バートン　Burton」の3人目の「Sir Richard Francis」の項に「なおポルトガルの詩人カモンイシの翻訳のほか,詳細な総論および補註とともに東洋の香気を移して有名な千夜一夜物語の翻訳がある。」とある。以上より,このバートンのフルネームは「Burton, Sir Richard Francis」であることがわかった。

【例題3】　図書館学の分野で高名な天野敬太郎の略歴を知りたい。
■回答へのポイント　　略歴などの記述を求める場合は,人名事典あるいは分野が特定されている場合は専門人名事典を調べる。「人物レファレンス事典」でどの事典・辞典に載っているか確認するとよい。
●回答例
『図書館関係専門家事典』(日外アソシエーツ　1984)
　まず,収録人物の名前を五十音順に並べた「人名目次」を見ると,〔あ〕のところに「天野　敬太郎」があり,p.8となっている。次に,本文のp.8を参照すると,「天野　敬太郎　あまの・けいたろう」との見出しのもとに,専攻・活動分野,生年月日(出生地),職歴,住所の記載があり,続けて雑誌論文と図書の著作リストが記載されている。

【例題4】　春山行夫に関する文献を調べたい。
■回答へのポイント　　特定の人物に関する文献を探すためには,個人書誌あるいは集合書誌,文献索引類を調べる。これらの書誌・索引は,収録年代が区切られて刊行されている場合が多いので,どの時点まで収録されているかに注意が必要である。
●回答例
『日本人物文献目録』(平凡社　1974)
　1868年から1966年までに刊行された日本人の伝記に関する文献を収録している。ただし,被伝者本人の著作は記載していない。「春山行夫」から引くと,図

書が5件，逐次刊行物所載の記事が4件記載されている。

『人物書誌索引』[66/77]年版，78/91年版，1992-2000年版（いずれも日外アソシエーツ）

　1966年以降については，『人物書誌索引』の[66/77]年版，78/91年版，1992-2000年版（いずれも日外アソシエーツ）に，それぞれ1966-77年，1978-91年，1992-2000年に発表された個人の著作目録，年譜，参考文献，蔵書目録などの資料が，被伝者名の見出しのもとに収録されている。

『人物文献目録　日本人編　2005-2007』（日外アソシエーツ　2008）

　春山行夫（はるやま・ゆきお）を引くと，図書2冊，文献2件が載っている。

『人物書誌大系24　春山行夫』（日外アソシエーツ　1992）

　春山行夫については，『人物書誌大系24』に春山行夫の個人書誌が刊行されている。

【例題5】　リンカーンの経歴や業績，また彼に関する伝記などを知りたい。
■回答へのポイント　　歴史上の人物を解説している人名事典を調べる。「外国人物レファレンス事典」でどの事典・辞典に載っているか確認するとよい。伝記については，特に伝記を収録する書誌を調べる。
●回答例
『世界伝記大事典』（ほるぷ出版　1981　18冊）

　『総索引』を「リンカーン」から引くと，「リンカン，A.」とあり，第12巻のp.126との指示があった。そこで該当の巻・ページを見ると，「リンカン　Lincoln」との見出しと，1860年の，大統領選直後のリンカーンの肖像（写真）が掲載されていた。見出しの次に「エイブラハム・リンカン（Abraham Lincoln, 1809-65）はアメリカの第16代大統領。南北戦争中，アメリカの統一に腐心し，奴隷解放宣言，ゲッティスバーグ演説，さらには2度にわたる優れた就任演説により不朽の名声を得たが，南北戦争後の再建に乗り出した直後，暗殺者の凶弾により，その生涯を閉じた。」との要約がある。続けて，その後約5ページにわたり，生い立ちから活躍，暗殺までについて伝記的に記述されており，文末

には〔参考書〕としてリンカーンに関する著作や伝記も紹介されている。
『伝記・評伝全情報 西洋編』45/89年版，90/94年版，95/99年版（いずれも日外アソシエーツ）

　日本国内で刊行・整理された図書の中から西洋人の伝記，評伝，自伝，回想録，追想録，日記，書簡等を網羅的に収集し，被伝者ごとに収録している本書を被伝者名「リンカーン，A.」から引くと，「リンカーン，A.〔1809～1865〕Lincoln, Abraham」との見出しのもとに，上記に挙げた伝記などの書誌事項，内容，目次が掲載されている。

【例題6】　山階鳥類研究所の住所，事業内容，機関誌などを知りたい。
■回答へのポイント　　研究機関の概要を収録している団体名鑑を調べる。
●回答例
『全国試験研究機関名鑑 2002-2003』（ラテイス　3冊）
　巻末索引を「山階（やましな）鳥類研究所」から引くと，第1巻の p.630（公益法人試験研究機関のうちの財団法人に分類）との指示がある。該当の巻・ページを見ると，「財団法人　山階鳥類研究所」の所在地と電話・Fax番号，設立年月日，代表者名，職員数などに加え，【研究室と担当者及び研究課題】【主要研究施設・設備】【刊行物】が記載されている。
『全国各種団体名鑑　'03年版』（シバ　上・中・下巻別冊）
　別冊の索引を「山階（やましな）鳥類研究所」から引くと，中巻の p.1462（研究所〈自然科学〉のうちの農学・生物に分類）との指示がある。ここを見ると，「財団法人　山階鳥類研究所（山階鳥研）」の所在地と電話・Fax番号の次に，【設立】（年月）【目的】【事業】【研究項目】【刊行物】【会員】【役員】【事務局】【関連団体】が記載されている。【事業】の項を見ると，「鳥類の分類，分布，生態，保護等に関する研究の他情報資料収集，標本収集，図書整備等。」とある。また，【刊行物】の項には，「山階鳥類研究所研究報告」（A4・100頁・半年刊）と「やましな鳥研NEWS」（タブ・4頁・月刊）が記載されている。

【例題7】 全日本空輸の上場市場，大株主，最近の業績を知りたい。
■回答へのポイント　会社概要なので，ディレクトリの会社名鑑を調べる。
●回答例
『会社年鑑全国上場版　2006』（日本経済新聞社　上下巻）
　掲載順は，業種分類の株式コード順であるため，五十音索引で「全日本空輸」を探す。下 p.3556に載っている。会社の連絡先，事業概要，役員，資本金，売り上げ構成，設備状況，重要な契約先，株価，取引銀行，連結決算対照表，損益計算書などと共に上場市場，大株主，最近の業績の記述がある。

7．図書・出版を調べる

　図書や出版状況の問い合わせは，比較的多い質問内容である。図書や出版状況の質問としては，次のようなケースが考えられる。
(1) 書誌データを完全に調べたい。すなわち書名や出版者名など，手元にある情報では特定の図書を探すのに不完全な書誌データしかわかっていない場合である。
(2) 特定の主題やテーマについての図書にどのようなものがあるかを調べたい。だれでも自分の興味ある事柄について深く知りたいと思うことはよくあることである。また，レポート課題や卒業論文などを書くにあたって，文献調査は欠かせない。
(3) ある特定の図書の内容について調べたい。
(4) ある作品が，どの図書や全集や叢書に収録されているのかを調べたい。
(5) 特定の図書の翻訳本が出版されているかを調べたい。
(6) 求める図書を所蔵している図書館を知りたい。
　これらの情報要求に対応するには，4-7図のような流れが考えられる。ただし，今日では図書や出版に関する情報源としては，印刷物以外に，電子メディアである CD-ROM 版や DVD-ROM 版，Web 版と多様な情報源が存在する。
　印刷物と比べて電子メディアの利点は，検索項目数が豊富であることが挙げ

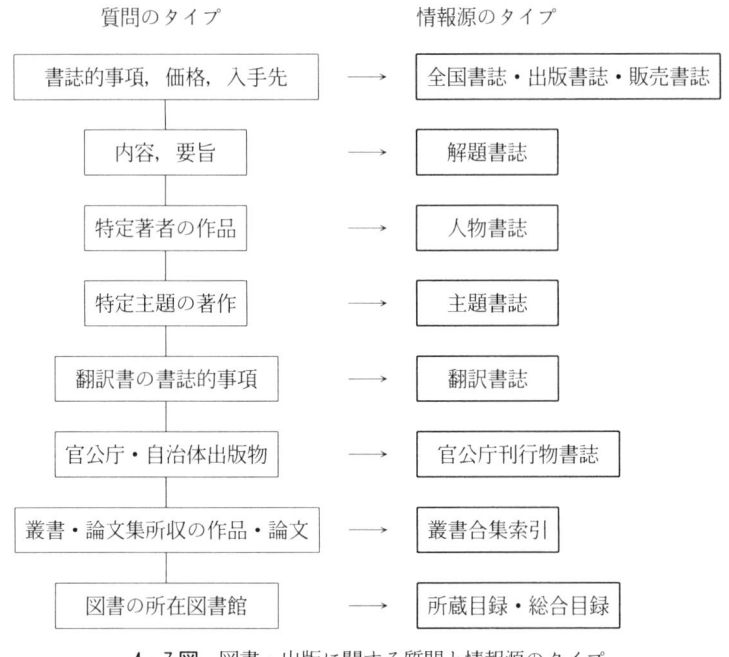

質問のタイプ		情報源のタイプ
書誌的事項，価格，入手先	→	全国書誌・出版書誌・販売書誌
内容，要旨	→	解題書誌
特定著者の作品	→	人物書誌
特定主題の著作	→	主題書誌
翻訳書の書誌的事項	→	翻訳書誌
官公庁・自治体出版物	→	官公庁刊行物書誌
叢書・論文集所収の作品・論文	→	叢書合集索引
図書の所在図書館	→	所蔵目録・総合目録

4-7図 図書・出版に関する質問と情報源のタイプ

られる。Web上の情報源は，国立国会図書館や国立情報学研究所などのOPAC，公共図書館のOPAC，大学図書館のOPACなどのほかに，オンライン書店と呼ばれる書店のWebサイト，古書店のWebサイトなど，非常に情報源が豊富である。また，書店のWebサイトでは，表紙をカラーで見ることができたり，目次や内容を見ることができたり，書評が掲載されていたりする。

したがって，これらの特徴や収録年数を考えながら各種メディアを併用することが，書誌データやその他の情報の確認の正確さにもつながると思われる。

【例題1】 本田宗一郎が書いた本で，現在，書店（古書店を除く）で購入できるもの3冊の書名，価格，ISBNを知りたい。
■回答へのポイント　現在，購入できる図書を探したいというところがポイントである。すなわち，求める図書が現在流通していて，絶版や在庫切れにな

っていないということを確認できるツールを選択する必要がある。
●回答例

『日本書籍総目録』（2003　『出版年鑑』の付録としての CD-ROM 版　2003）

CD-ROM 版あるいはインターネット版［本を探す］Books.or.jp で調べると簡単である。（第3章-1．参照）

著者名に‘本田宗一郎’を入力する。該当する文献リストが表示される。

平成13(2001)年以前は印刷物も出版されているので、その場合は、著者索引編の‘本田宗一郎’を探し、次にそこに記載されている書名から、書名編を1冊ずつ書名の五十音順に見ていく。

『日本著者名総目録』（2001/2002　日外アソシエーツ　2002）

購入可能かどうかを調べることはできないが、本田宗一郎の著作を確認できる。

この場合は、平成14(2001)年から平成15(2002)年に日本国内で刊行された図書を掲載している。‘本田宗一郎’の項を見ると、2冊が掲載されている。

紀伊國屋書店、丸善、amazon 等のオンライン書店の Web ページ検索でも、情報を得ることができる。

【例題2】　ガーデニングに関する本を3冊推薦して欲しい。その要旨または目次と、出版者、発行年、価格を知りたい。

■回答へのポイント　　求める図書の書誌データだけでなく、要旨または目次を見たいというところがポイントである。

●回答例

『Book Page［本の年鑑］』（2003　ブックページ刊行会　2003）

分類総目次に"実用書"に"趣味"という項があるので、本文の"趣味"の中の"家庭園芸・家庭菜園"を見る。書名索引もあるが、その場合は書名のトップに‘ガーデニング’などの言葉がないと探せない。

"家庭園芸・家庭菜園"の項の中の書名および要旨または目次を見ると、たとえば、『カラー・ガーデニング　レッド＆ピンク　土橋豊著』『決定版　はじ

めての花づくり　主婦の友社編』『自分流に愉しむ「気まま」な庭づくり　清水光次著』などがある。
『日本件名図書目録』（⑨動・植物関係　77/84　日外アソシエーツ　1985）
　'ガーデニング'というキーワードはないが，'園芸'というキーワードから調べることができる。たとえば，『植物工場―土なし栽培から新家庭園芸まで　高辻正基著』などがあるが，要旨や目次は掲載されていない。
　利用者契約を結ぶ必要であるが，NICHIGAI Webから提供されているBOOKPLUSでは，キーワード検索から簡単に検索できる。要旨や内容も知ることができる。
　オンライン書店（紀伊國屋書店，丸善，amazon等）を利用するのも良い選択である。その場合は，簡単検索でなく，詳細検索を使用して検索したほうが，用意されている検索項目が豊富で検索しやすい。

【例題3】『若草物語』の異なる翻訳者の本を3冊知りたい。
■回答へのポイント　　翻訳図書を探したいということがポイントである。
●回答例
『翻訳図書目録』（92/96　日外アソシエーツ　1997）
　総索引の書名索引（五十音順）の若草物語を見ると，92/96には12冊が掲載されている。「Ⅲ芸術・言語・文学」の記事番号を参照する。この中から，たとえば，掛川恭子訳（講談社），谷口由美子訳（集英社），安藤一郎（河出書房新社）などの3冊を推薦すればよいであろう。

【例題4】　厚生労働省あるいは農林水産省が出している統計で，食品の安全に関する資料を知りたい。
■回答へのポイント　　一般に省庁あるいは政府関係機関で編集・監修された出版物は，通常の書籍流通販売ルートにのらないため，販売書誌は利用できない。そこで，これらの出版物を収録しているレファレンスツールを使用するというところがポイントである。

また，現在は電子政府の Web サイト（e-Gov）が充実しており，さまざまな政府出版物や文書を検索することができる。

●回答例

『政府刊行物等総合目録』（2003　全国官報販売協同組合　2003）

　目次には厚生労働省関係，農林水産省関係という項があり，各ページを参照すると，［統計・調査報告］という項があることがわかる。その項目の中を見ていき，該当出版物があるかどうかを判断する。

　この他，［便覧・要覧・総覧］などの他の項目でも，書名を見て判断すると同時に，厚生統計協会や農林統計協会が出版者になっているものには統計データなどが掲載されていることもあるので，気を付ける必要がある。

　"雑誌関係"には，【厚生労働省関係】に厚生統計協会が発行する『厚生の指標』があり，【農林水産省関係】に農林統計協会が発行する『農林統計調査』『食料政策と情報』があるので，これらの雑誌に掲載されている統計も見落とさないようにしなければならない。

「電子政府（e-Gov）」 http://www.e-gov.go.jp/

　省庁あるいは政府関係機関で編集・監修された出版物を探す場合，この Web サイトは大変便利なツールである。政府の Web ページであるので内容としても信頼できるものと考えられる。

「詳細検索ページ」を利用すると省庁指定ができるので，この例題では，厚生労働省と農林水産省にチェックを入れて'食品''安全''統計'などのキーワード検索を行う。非常に件数が多いので，行政機関の区分を'本省庁のみ'に限定したり，更新日範囲指定で最近の数年に限定したりすることで絞り込むこともできる。今回は，2001年1月1日以降で上記三つのキーワードだけを入力しても非常に件数が多く1,882件となった。この場合表示は1,000件までに制限される。もし'食品'だけでは件数が非常に少ない場合は，'食糧''食料'などのキーワードも追加して検索するとよいと思われる。

　出力結果には，参照 URL，データの大きさ，簡単な内容紹介文が表示され，入力したキーワードは赤字でハイライトされている。

【例題5】 三島由紀夫の全著作を一覧したい。
■回答へのポイント　著者書誌だけでなく個人書誌をも使用するところがポイントである。
●回答例
『定本三島由紀夫書誌』（薔薇十字社　1972）
　三島由紀夫の書誌が出版されているので，もちろんこれを利用する。
『日本著者名総目録』（2001/2002　日外アソシエーツ　2002）
　'三島由紀夫'から探すと，『三島由紀夫全集―決定版』ほか，多数のリストを見ることができる。
『人物書誌索引』（1992-2000　日外アソシエーツ　2000）
　'三島由紀夫'の見出しのもとに，三島由紀夫に関する書誌のリストが掲載されているが，これらの中には，『三島由紀夫文庫目録　清水文雄先生旧蔵』や『三島由紀夫作品総覧　増訂版　校訂表』などがあるので，これらも見る必要がある。

8．新聞・雑誌を調べる

　新聞や雑誌に関する調査には，①　新聞や雑誌自身に関する情報　②　新聞や雑誌に掲載された新聞記事や雑誌論文に関する情報を知りたい場合の2種類のタイプがある。
　新聞や雑誌の出版者やその連絡先，発行頻度，価格などの情報を知りたい場合は，逐次刊行物リストなどを利用する。また，それらの所蔵状況を知りたい場合は，総合目録を利用する。
　それらに掲載された新聞記事や雑誌論文に関する情報を知りたい場合は，二次資料と呼ばれる書誌，索引誌，抄録誌，目次誌などを利用する。掲載新聞や雑誌名がわかっている場合は，新聞の縮刷版やその雑誌の総目次・総索引などを利用することもできる。しかし，現在これらの二次資料のデータベース化は進んでおり，CD-ROM版や商用オンラインデータベース，Web版を活用する

第4章 レファレンス質問のタイプと情報源　　*137*

ことができる。電子化されていない古い時代の記事や論文の検索はマニュアル検索する。

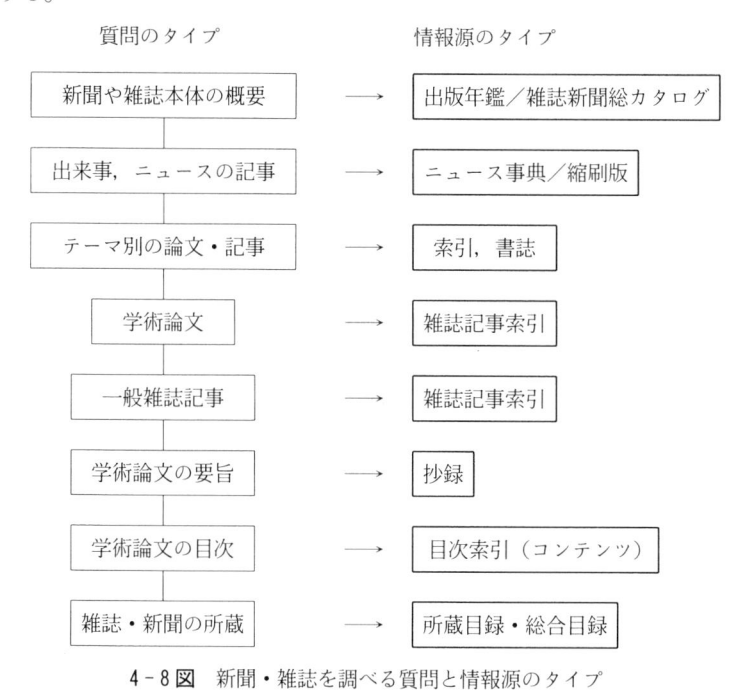

質問のタイプ		情報源のタイプ
新聞や雑誌本体の概要	→	出版年鑑／雑誌新聞総カタログ
出来事，ニュースの記事	→	ニュース事典／縮刷版
テーマ別の論文・記事	→	索引，書誌
学術論文	→	雑誌記事索引
一般雑誌記事	→	雑誌記事索引
学術論文の要旨	→	抄録
学術論文の目次	→	目次索引（コンテンツ）
雑誌・新聞の所蔵	→	所蔵目録・総合目録

4-8図　新聞・雑誌を調べる質問と情報源のタイプ

【例題1】『旅の手帖』とはどのような雑誌か。出版者，発行頻度，価格，発行部数と年間購読料も知りたい。

■回答へのポイント　　通常の書誌データだけでなく，発行部数や年刊購読料なども知りたいというところがポイントである。

●回答例

『雑誌新聞総かたろぐ』（2003　メディア・リサーチ・センター　2003）

　その雑誌の扱っている分野から探したい場合は，分野コード（番号）早見表から見るとよい。'旅'という語は'た'行のところにないので，同義語である'旅行'を見ると，旅行情報の分野コードは'0270'と'2330'があることがわかる。'0270'を見ると，『旅の手帖』が見つかる。

タイトル索引もあるので，この場合は，タイトル索引の『旅の手帖』を探すと p.389 の分野コード 0270 にあることがわかる。

このツールは，雑誌の内容情報も書かれているので，求める情報以上の情報を入手することができる。

『出版年鑑』(2003　日本書籍出版協会　2003)

このツールは，前年の新刊図書を NDC 分類順に収録しているが，雑誌に関しては，"雑誌目録"の項に簡単な雑誌に関する情報を収録している。"雑誌目録"も NDC 分類されているので，'産業'の中の'交通・通信'のところを五十音順に見ていくと，『旅の手帖』が月刊，B5サイズ，580円，交通新聞社，1977年創刊という情報を得ることができる。

しかし，この雑誌の内容，発行部数，年刊購読料の記載はないので，情報要求すべてを満たすことはできない。

【例題2】　原田智子が書いたデータベースに関する論文を知りたい。
■回答へのポイント　　学術論文を探すツールを使用するというところがポイントである。
●回答例
『雑誌記事索引』(1948-　　国立国会図書館　1948-　)

NDL-OPAC の「雑誌記事索引」で，著者名として'原田智子'，論題名中のキーワードとして'データベース'を入力して検索すると，1983年以降の該当文献が検索できる。また，1995年以降は CD-ROM 版でも同様に検索できる。

同一漢字の同姓同名の人がいるので，著者名検索結果の中から論題の中に'データベース'という表現があるものを拾っていくか，'データベース'というキーワードも入力して検索するかのどちらかである。この場合，個別のデータベース名しか記載されていない場合は，'データベース'ということばだけを入力すると個々のデータベース名のみの論文は検索漏れとなる。著者名検索結果が非常に多い場合は，キーワード検索も必要である。

1994年以前は印刷物の『雑誌記事索引』の著者名索引で'原田智子'を探し，

その記事番号から本編の該当記事を見て，タイトル中に'データベース'などのキーワードがあるものを選択する。

『科学技術文献速報』(1958-　科学技術振興機構　1958-　)

　JOIS (http://pr.jst.go.jp) の提供する JSTPLUS で検索すれば，最も簡単に検索できるが，利用者契約を結んでいないと利用できない。

　CD-ROM 版である『BUNSOKU（管理・システム技術編）』で，著者名とキーワードから同様に検索する。

　1993年以前は，印刷物『科学技術文献速報』で探すことになる。著者名索引の'原田智子'で探す。

「研究紀要ポータル」　http://kiyo.nii.ac.jp/

　上記ツールのほか，国立情報学研究所が提供する Web サービスの「紀要ポータル」サイトでは，大学の紀要に掲載された論文を検索することができる。

　画面の Search for のところのプルダウンメニューから著者名を選択し，検索ボックスに'原田智子'と入力する。次の検索ボックスは'すべて'にして，データベースという検索語を入力して検索ボタンをクリックした結果，2件ヒット文献が得られた。この場合，データベースは'論文名'と限定しても結果は同じになる。

【例題3】 美空ひばりに関する雑誌記事を見たい。

■**回答へのポイント**　　この場合は，学術論文でなく大衆雑誌をツールとして選択するというところがポイントである。

●**回答例**

下記のツールを使用して，'美空ひばり'で調べると，すぐに結果が得られる。

『大宅壮一文庫雑誌記事索引総目録』(88/95　大宅壮一文庫　1997)
　　　　CD-ROM 版と Web 版もある

『週刊誌記事索引　人物編』(81/87　日外アソシエーツ　1988)

『総合誌記事索引』(日外アソシエーツ　1988)

『人物書誌索引』(78/91　日外アソシエーツ　1994)

【例題4】 昭和48（1973）年にノーベル物理学賞を受賞した日本人に関する新聞記事で，受賞近辺の記事を読みたい。

■回答へのポイント　　はじめに，1973年にノーベル物理学賞を誰が受賞したのかということを調べる必要がある。受賞者を調べてから新聞記事を探すという2段階のステップを踏んで調べる方法が一つある。しかし，新聞記事ということであるので，1973年のニュースがわかるツールを最初から使用できないかと考えるところがポイントである。

●回答例

『毎日ニュース事典』（1974年版　毎日新聞社　1984）

　この資料は年刊であり，1973年の1年間の記事を探したい場合は，1974年版を見なければならない。すなわち，前年の1月1日から12月31日までの記事を収録している。ノーベル賞の見出しの項目を順に見ていくと，物理学賞は米IBM社勤務の江崎玲於奈氏であることがわかる。また，江崎玲於奈という参照もあるので，そこも見た方がよい。このツールは50字程度で記事内容が記述されている。

　なお，ノーベル賞受賞者の名前を調べるレファレンスツールには，『ノーベル賞・受賞者総覧』『ノーベル賞受賞者業績辞典』『理科年表』などがある。データベースにはNICHIGAIが提供するPRIZEがある。

【例題5】 タイタニック号に乗っていた日本人に関する新聞記事は，明治何年何月何日の何新聞に載っていたか。また，その記事の内容を知りたい。

■回答へのポイント　　これは非常に有名な事件であるが，明治時代のニュースを知るツールがないかというところがポイントである。はじめに，この事件が起きた年月日を調べる必要がある。明治のいつ頃かという場合に，映画の中に日にちなどが出てくるかもしれないので，映画を見るというのも一つの手段である。

しかし，ここでは明治時代のニュースを扱った事典を使用することがポイントである。また，明治45(1912)年の方から古い方へさかのぼって調べていくかどうか方針を決めることもポイントであろう。

●回答例

『明治ニュース事典』(Ⅷ　毎日コミュニケーションズ　1986)

　タイタニック号の沈没事件は，映画化されたほど有名な出来事であるが，明治に起きた事件の新聞記事を見たいということであるので，このツールが最適である。

　明治41年／明治45年の分類別索引目次を見ていくと，幸いなことに'タイタニック号沈没'が見つかった。そこに表示された本文の該当ページを見ると，p.420に「日本人ただ一人乗船，無事救助される」という記事見出しがゴシック体で書かれている。本文には，明治45年5月20日の時事新報に細野正夫氏であることが記されている。

9．演 習 問 題

（1）ことば・文字に関する問題

1．「櫟」という字の読み方と意味を知りたい。
2．「始」という漢字の語源はなにか。
3．Garrio, Scando, Labor の意味を知りたい。
4．ミリ，ナノ，ピコとは何の意味か。
5．英語で「綿」を cotton というが，その語源を知りたい。
6．カステラは日本語か外来語か，いつ頃から使われているか。
7．橋と箸と端，柿と牡蠣のアクセントの違いを知りたい。
8．うりざね顔とはどんな顔のことか。
9．"Ask, and it will be given you"の出典を知りたい。
10．竹に関する諺にはどんなものがあるか。

11. 次の言葉は，江戸と上方では意味がどのように違うか。
    (1)おに (2)しらむ (3)まわし (4)かりる
12. 十六夜，十七夜の読みと意味を知りたい。
13. 架の意味，この字を使った熟語を知りたい。
14. 檻褸の読み，意味，語源を知りたい。
15. 邂逅(かいこう)の意味を知りたい。どのように用いるのか。
16. 国防色，迷彩色とはどんな色か。
17. 寒の戻り，わかれ霜，秋霖とは何か。
18. コンビニとはどのような意味か。日本で日常的に使われるようになったのはいつ頃か。
19. gazette, magazine, journal の意味を知りたい。その使い分けはあるか。
20. 季節をあらわす言葉としての雨水(うすい)とはいつ頃を指し，その意味は何か。
21. かまんちょろは何のことで，どこの方言か。
22. 葉武列土は何と読むか。
23. ギヤマンとは何か。その語源は何か。
24. 蛍の光窓の雪とはどのような故事に基づいたものか。
25. 無花果とは何か。その語源と伝来を知りたい。
26. ブルーマンデー，ブラックマンデーとはどのようなことか。
27. 幕張メッセの「メッセ」とは何か。何語か。
28. まなじりを決するとはどのようなことか。
29. ジーパンの語源を知りたい。いつ頃から普及したか。
30. 六日の菖蒲，十日の菊とはどのようなことか。
31. 勘亭流という文字の書き方があるが，どのような場合に用いるのか。
32. 中間小説とはどのような小説か。
33. 一蓮托生とはどのようなことか。
34. 万葉集で松，竹，梅を詠んだ歌を探したい。
35. 五徳とはどのようなものか。
36. 次の方言の意味と，使われる地方を知りたい。

(1)けっぱる　(2)おっぺす　(3)べこ　(4)しっちゃかめっちゃか　(5)すがま
37. 見え，見栄，見得は同じ意味か。
38. dialogue, majority, tragedy の反対語は何か。
39. 蛇は一寸にして人を呑むの意味を知りたい。同じ意味の諺はあるか。
40. 数式などによく使われている δ，π，Σ，√，の読み方と意味を知りたい。
41. 二八蕎麦とはいつ頃の言葉か。それは何を示しているか。
42. 「茶碗をたたくと……が来る」というらしいが，何が来るか知りたい。
43. 次の語の読み方と意味が知りたい。
　　(1)石榴　(2)塩梅　(3)生憎　(4)白馬　(5)紙魚　(6)満天星
44. 六道，七福神，八天狗，九品，十王とはどのようなものか。
45. 手袋，箪笥，箸，机，うさぎを数えるときの単位は何か。
46. たつたがわが詠み込まれた和歌を知りたい。作者と収められている歌集，解釈も知りたい。
47. PKO の正式名称，内容を知りたい。
48. 詞林とは何か。いくつか意味があるなら全部知りたい。
49. 「甓」は何と読み，その意味は何か。
50. 羊羹の語源を知りたい。なぜヒツジが入っているのだろうか。

（2）事柄・事象・データに関する問題

1．道路標識の種類と内容を知りたい。
2．江戸時代の心中取締令の全文を知りたい。
3．日本の国旗（日章旗・日の丸）の正式な寸法，赤い丸の位置について知りたい。
4．昨年の国会での審議と成立した法律を知るには何を見たらよいか。
5．地球温暖化防止について詳しく知りたい。国際間で条約があるのか。
6．ヨーロッパ中世に魔女裁判があったというが，それはどのようなことか。
7．ユリノキとはどのようなものか。植物だとしたら，木や花の様子も知りたい。
8．アルペン競技，ノルディック競技（または種目）とはどのような内容か。

最近の記録も知りたい。
9．文学関係の言葉で耽美派（主義）とはどのようなことか。
10．正多面体とはどのような形か，図解したものが見たい。
11．ポセイドンとはどのような神か。
12．人魚，河童，ネッシー，龍は実在の生物か。どのような伝説があるか。
13．1945年以降の日本の銀行の合併の状況について知りたい。
14．団塊の世代とはどのような年代を指し，どんな特徴をもっているのか。
15．各国の義務教育の年限と教育制度の概要を知りたい。
16．気象予報士の資格の内容，取得法などについて知りたい。
17．過去10年間くらいの世界の大地震の起きた地域，年月日，被害の様子などを知りたい。
18．ダービーの歴史，競技法，過去の記録，賞金などを知りたい。
19．懐石料理の意味，内容，について知りたい。いつ頃から作られるようになったか，会席料理とは違うのか，についても知りたい。
20．青い鳥症候群とはどんな病気か。それは流行性のものか，人間の病気か。
21．入母屋造について図示して解説してある資料，その代表例を知りたい。
22．ジュウニヒトエという植物の花はどんな色と形をしているのか。その由来は何か。
23．青いけしの花の学名と，原産地が知りたい。
24．クリスマスのもとの意味を知りたい。また，なぜ X'mas と書くのか。
25．戦前の教育法規を知りたい。
26．11月15日に行われる七五三の祝いの由来を知りたい。
27．現在，日本の活火山はどこで，その活動状況はどうか。
28．プライマリーケア，ターミナルケアの内容を知りたい。
29．ワシントン条約とはどのような内容で，いつ成立したのか。
30．世界七不思議とは何と何か。
31．修復士（conservator）とはどのような専門職か。
32．重要無形民俗文化財にはどのようなものが指定されているか。

33. 鎌倉時代から江戸時代の服装でかるさんとはどのようなものか。
34. 数学の分野でのフィールズ賞とはどのような賞で，これまでに誰が受賞しているか。
35. 始祖鳥について詳しく知りたい。図で示してほしい。
36. 江戸の深川八幡の縁起と，祭神，祭礼，場所などを知りたい。
37. 二万五千日，四万六千日とはなにか。
38. 南米のマテ茶とはどのようなものか。
39. ジプシーという民族はいるのか。その由来や，現在どこにどのくらいいるのか知りたい。
40. ホトトギスという植物を絵または写真で説明してあるものがほしい。
41. 姉妹都市とは何か。いつ頃から行われるようになったか。わが市の姉妹都市はどこか。
42. 移動体通信とはどのようなことか。
43. 過去5年間の日本の都市銀行の数と，個人の平均貯蓄額を知りたい。
44. 日本が中国から輸入している繊維製品の種類，数量（または金額）を知りたい。
45. 世界の長寿国はどこか，10位まで知りたい。
46. わが国の下水道の普及率の高い都市を10位まで知りたい。
47. 大学新卒業生の初任給の推移を過去20年間にわたり知りたい。
48. 世界主要各国における公共図書館の数と人口に対する率とを知りたい。
49. わが国の発電所の数を水力，火力，原子力の別に知りたい。
50. わが国の完全失業率の最近の値が知りたい。また，各国のそれはどれくらいか。

（3）歴史・時に関する問題

1. 日本にカメラ（あるいはその前身）が伝来したのはいつ頃か。
2. 江戸城本丸の天守閣は残っているか。見学することはできるか。
3. 大阪夏の陣，冬の陣とはいつ頃の，どのようなことか。

4. 江戸時代のかたきうちにはどのようなきまりがあったか。
5. 20年前（？）に発掘された修羅とはどんなものか知りたい。
6. ロゼッタ石とはなにか。いつ誰によって発見され，現在どこにあるか。
7. 昭和35-40年代の学園（大学）紛争について知りたい。資料も教えてほしい。
8. IFLA（図書館関係らしい）東京大会とは，いつ行われ，どのような内容のイベントだったのか。
9. ライプチヒ大学が創立されたのはいつか。その歴史も知りたい。
10. 明治年間の徴兵制度について知りたい。北海道の住民は兵役を免れたというが本当か。
11. 運動会などで行われる綱引きがオリンピックの種目であったというが本当か。いつ頃のことか。
12. ナイチンゲールが戦地で負傷兵の看護をしたというが，それはいつ頃の何という戦争だったのか。
13. 十字軍はいつどこへ遠征したか。その戦争はどことどこの戦いか。何年ぐらい続いたのか。
14. 堀部安兵衛の高田の馬場の決闘とは実際の事件か。その年月日はいつか。
15. 光州事件とはどのような事件か，概略を知りたい。
16. 五・一五事件とは，いつ，どこで起きたのか。どのような事件だったのか。
17. インディラ・ガンジー首相暗殺の経緯を知りたい。
18. 日米の間で人形が贈答されたというが，その経緯を知りたい。
19. 江戸時代に象やラクダがもたらされたというが本当か。その年代はいつか。
20. ジャーナリズム史上における横浜事件とは，どのような事件か。
21. チェルノブイリ原発事故，スリーマイル島原発事故はいつ頃のことで，その被害の様子，影響などを知りたい。
22. 日本で初めて競馬が行われたのはいつで，それはどこであったか知りたい。
23. 大津皇子が関係した事件とは，いつ頃のどのような事件だったのか。
24. ニューディール政策とは，いつ，どこの，どのような内容のものか。
25. タイプライターが発明されたのは，いつ，どこでか。日本ではいつから使

われたか。
26. 日本における裁判所制度はいつ確立されたか。
27. ボドレー図書館の歴史を知りたい。
28. 日本ではじめてカラー映画が始まったのは，いつで，何という作品か。また当時カラー映画のことを何といっていたか。
29. 虎ノ門事件とはどんな事件か。
30. 日本ではじめてのゴルフ場は，いつ，どこで始まったものか。
31. 柔道が正式なオリンピック種目になったのはいつか。誰が優勝したか。
32. 黄巾の乱とは，いつの，どのような事件か。
33. 島原大変肥後迷惑とはどんなことか。
34. 国有鉄道がJRになったのはいつだったか。その当時，国営事業の民営化が行われたようだが，何と何か。現在も国営事業なのは何か。
35. ヨーロッパでのペスト大流行の経緯を知りたい。
36. 日本でガスが使われるようになったのはいつ頃か。
37. 日本で初めて電話が使われたのはいつか。
38. 浅間山噴火の歴史を知りたい。今も噴火活動を続けているのか。
39. 1860年，日本初の太平洋横断に成功した航海の，船名，主な乗船者，簡単な事情などを知りたい。
40. 明治30年代に起きたという日比谷焼打ち事件とはどんな事件か。
41. 1968年8月のいわゆるチェコ事件の概要を知りたい。
42. アメリカの南北戦争の原因は何か。いつからいつまで続いたか。
43. 金閣（京都，鹿苑寺）が焼失したのはいつか。その原因は何か。いつ再建されたか。
44. 香港がイギリスの統治下におかれるようになった事情を知りたい。
45. ベルリンの壁が取り壊されたのは，いつ，どのような機会だったのか。また，なぜ壁があったのか。
46. 昭和33年の主な出来事を知りたい。
47. 夫余または扶余という民族は，いつ頃，どの地域にいた民族か。いつ，誰

によって滅ぼされたか。

48．バラ戦争とは，いつの，どのような戦争であったのか。なぜ，バラ戦争と呼ばれるようになったのかを知りたい。

49．明治時代に創設された国立銀行の名称と創立年，現在それを継承している銀行名を知りたい。

50．アメリカの初代総領事タウンゼント・ハリスの使用人ヒュースケンが殺害された顛末について知りたい。

（4）場所・地理・地名に関する問題

1．千葉市作草部町の作草部の読み方と，その地名の由来を知りたい。
2．都留市が市制を敷いたのはいつで，地名の由来は何であったのか知りたい。
3．長野県にある鹿教湯という温泉は何と読むのか。その由来は何か。
4．フランスのToulouse地方というのはどの辺りを指すのか。
5．石川県の大聖寺という土地の歴史を知りたい。現在の正式名称も知りたい。
6．羅馬など次の漢字は何と読むか知りたい。
　　(1)亜弗利加　(2)欧羅巴　(3)波斯　(4)土耳古　(5)土耳其斯坦　(6)希臘　(7)英吉利　(8)吐蕃　(9)亜剌比亜　(10)喜馬拉亜山
7．インドのJaipurという地名の発音を知りたい。
8．カスピ海付近のメルヴという町（？）の位置を正確に知りたい。
9．パリとウィーンの街の様子を調べたい。
10．エグモント山とはどこの国にあって，どう綴るのか。
11．雁が腹摺山とはどこにあって，山名の由来は何か。何で有名か。
12．六玉川とはどこにある川か。
13．日本橋という地名が江戸（東京）と大阪にあるという。その位置，読み，地名の由来などを知りたい。
14．ビルマがミャンマーに国名を変更したが，いつのことか。ミャンマーとはどういう意味か。
15．バルト3国の位置，歴史，民族，気候などを知りたい。

16. 江戸時代の藩名と現在の県名との対照を知りたい。
17. カイバル峠とはどこにあり，どのような事件の起きたところか。
18. プロシア帝国とは現在のどのあたりを指すのか。いつの時代にあったか。
19. ジブラルタル海峡とはどこにあるか。その長さ，幅，深さなども知りたい。
20. トンガ王国について，その位置，面積，人口，産物，民族などを詳しく知りたい。
21. 間宮海峡はどこにあるか。名称の由来などを知りたい。
22. サンダカンとはどこか。
23. モンゴルが大帝国を築いたのは，いつ頃で，どの範囲であったか。地図で示した資料が欲しい。
24. チヌの海とはどこのことか。その由来は何か。今もその名称は使われているか。
25. 標高8,000m以上の高山は世界にいくつあるか。山名，地域，標高を知りたい。
26. 世界五大陸の最高峰の位置と標高を知りたい。
27. 信濃川と千曲川の全長と水源を知りたい。また，その名前の由来も知りたい。
28. お茶の水の由来を知りたい。
29. 八町畷（または八丁畷）という地名はどこにあるか。何と読むか。また，畷はどのような意味か。
30. 東京の麻布市兵衛坂の正確な位置を知りたい。
31. ガンジス川はどこからどこまで流れているか。全長は何キロメートルか。また宗教的にはどのような意味をもっているかも知りたい。
32. 明治から昭和初期の頃，横浜へ向かう絹街道があったというが，どこからで，どのようなことからそう呼ばれていたか知りたい。
33. 透明度の高い湖はどことどこか。
34. スウェーデンの西岸にあるイヨテボリという都市の位置，産業などを知りたい。

35. 余呉湖とはどこにあるか。歴史上，何で有名か。
36. 倶利伽羅峠とはどこか。史跡などがあるか。
37. ハイリゲンシュタットとはどこか。何にゆかりのある所か。
38. 甲賀，伊賀とは現在のどのあたりを指すのか。
39. 古代タラスの戦いがあったという，タラスとはどこか。戦い以外に歴史上残ることがらは何か。
40. ベトナムのユエとはどこか。いつ頃，どんな文化が栄えた所か。
41. イグアスの滝とは，どこにあって，その規模はどれほどか。写真があったらそれも見たい。
42. 吉野ヶ里とはどこか。
43. 南極の昭和基地の正確な場所を知りたい。
44. 死海とはどこにあって，その特徴は何か。
45. 中央アジアの砂漠地帯あるいはその周辺で海抜がマイナスの所があるという。それはどのあたりか。
46. カッパドキアとはどのあたりか。その地理的な特徴は何か。
47. ガラパゴス島とはどこにあるか。歴史的に何で有名か。
48. 日光の中禅寺湖は日本で何番目に大きい湖か。日本の湖の面積と深度の上位五つまでも知りたい。
49. ブハラとはどこか。その都市の歴史や遺跡などについて知りたい。
50. 奈良県の今井という町について，その歴史や町並み保存の取り組みなどを知りたい。

（5）人物・団体・企業に関する問題

1. 江戸時代の茶人だという遠州とはどんな人か。
2. 石井威望という人の住所を知りたい。
3. ソビエト連邦の初代大統領であったゴルバチョフの詳しい経歴を知りたい。
4. 古代か中世の人で，藤原保昌とはどんな人物か。名の読み方も知りたい。

5．富士谷成章について，略歴と著作，伝記などの資料を集めたい。
6．18-19世紀のイギリスの政治家でスタンリー卿と呼ばれた人物について知りたい。
7．日本にいて教鞭をとったことのあるデニングという人について知りたい。
8．中国の本に"馬克思"という人名らしい語があった。人の名としたら誰のことを指すか。
9．ガウディという人について，生没年，出身地，分野，フルネームなどを知りたい。
10．シーボルトの略伝と，その記念碑のある場所を知りたい。
11．弁慶は実在の人物か。略歴や墓所を知りたい。
12．ドン・キホーテという人物について知りたい。
13．三浦按針は英国人の日本名であるという。本名と，どのような人物であったのか知りたい。
14．ヘボン式ローマ字の考案者といわれるヘボンとはどのような人物であったか知りたい。
15．桜桃忌とは誰を記念しているのか。それはいつか。
16．クレオパトラは実在の人物か。「鼻がもう1cm低かったら」の意味は何か。
17．江戸時代の根岸鎮衛とはどんな人物か。著作はあるか。
18．天理教の始祖は誰か。
19．河鰭実英，鎮目恭夫，鑪幹八郎，喰代修，班目文雄の読み方を知りたい。
20．ナポレオン一世の肖像が見たい。できれば，絵あるいは彫刻を所蔵している美術館・博物館を知りたい。
21．聖徳太子の生没年月日を知りたい。死因はなにか。
22．フランスの哲学者サルトルの生没年と主な著作を知りたい。
23．映画監督の黒沢明の略歴と主な作品，受賞歴を知りたい。
24．世界の四聖とは誰のことを指すのか。
25．ジャガタラお春とはどのような人物か。実在の人物か知りたい。
26．寺田寅彦と吉村冬彦とは同一人物か。そうだとしたら，その名前の使い分

けを知りたい。また，著作全部を知るにはどうしたらよいか。
27. 新聞学を専門としている大学教員の名前と大学を知りたい。
28. アメリカ合衆国大統領の名前と在任期間を第一代目から現在まで知りたい。
29. ナンセンが北極点に達したのはいつであったか。略伝も知りたい。
30.「雪の結晶は天から送られた手紙である。……その暗号をよみとく仕事が即ち人工雪の研究である」と言った科学者は誰か知りたい。
31. 終末期にある患者の看護関係の学部または大学院のある大学を知りたい。
32. 日弁連とはどのような団体か。住所，電話などを知りたい。
33. 県内の小中学校の名称，住所，教員数，生徒数を調べるには何を見たらよいか。
34. 駐英日本大使館，在日イギリス大使館，それぞれの住所を知りたい。
35. 写真関係の学部学科をもつ大学・短大・専門学校を知りたい。
36. 自然保護に関する日本の団体と国際的な団体を知りたい。
37. 愛知県立図書館の住所と開館時間などを知りたい。
38. アンケート調査を依頼するために，各県教育委員会の所在地を調べたい。
39. 日本オリエント学会のことについて知りたい。
40. 日本ネパール協会についてできるだけ詳しく知りたい。
41. 図書館関係の団体を知りたい。その機関誌も教えて欲しい。
42. 日本消費者連盟の設立の由来，現在の活動状況，住所，電話番号を知りたい。
43. 浜松ホトニクスという会社の沿革，特色などを知りたい。
44. 日本赤十字社とはどんな団体か。
45. 自由民主党の本部の住所と機関誌（紙），所属人数などを知りたい。
46. 東京大学と京都大学の創立された年を知りたい。
47. WHOの活動状況について詳しく調べたい。
48. NGOとはどのような機関で，その活動の状況を知りたい。
49. 東京の精神科学総合研究所の図書室の連絡先・概要・利用法を知りたい。

第4章　レファレンス質問のタイプと情報源　　　153

50．東京国立博物館の住所を知りたい。

（6）図書・出版に関する問題

1．『扶桑略記』『兵範記』を読みたいが，書名目録にはない。図書館には所蔵していないのだろうか。
2．『日本地理志料』邨岡良弼著を読みたい。その最初の出版年はいつか。
3．中国の書物で，『淮南子』とはどんな書物か調べたい。
4．ダーウィンの『種の起源』について解説したものはないか。
5．伊藤清蔵『農業経営学』（大正年間の発行らしい）はどこの図書館にあるか。
6．*Primatologia*（著者，刊年不明）の所蔵図書館を知りたい。
7．『ビリチスの歌』の著者・出版社を知りたい。
8．『鎌倉夫人』という小説の著者，出版社，出版年と，現在も買えるか知りたい。
9．『悪魔の詩』の原作者，原書名と出版年，日本語訳者，日本語版の出版社などを知りたい。
10．『小笠原諸礼大全』（法橋玉山著）の書名と著者の読み方，内容を知りたい。
11．新聞に連載されたという『少将滋幹の母』について，作者，新聞紙名，期間，回数，さし絵画家を知りたい。
12．宮沢賢治『オッペルと象』はどの文学全集の何巻に収録されているか。また，収録されている全集を全部知りたい。
13．平安時代につくられたという『日本霊異記』とはどのような内容か。書名の読み，著者などについても知りたい。現代語訳はあるか。購入できるか。
14．『夢ノ代』とは，いつ頃，誰によって著された，どのような本か。活字本はあるか。購入できるか。できなければどこで見ることができるか。
15．『文献を探すための本』という本は実在するか。出版社などを知りたい。
16．『図書館年鑑』はいつ創刊されたか。その出版社はどこか。
17．マハトマ・ガンジーの自叙伝を読みたい。出版社などを知りたい。
18．1980年以降の文芸書のベストセラーを知りたい。

19. 昨年あるいは一昨年の日本における図書・雑誌の出版に関する統計を知りたい。
20. 『春風馬堤曲』とはどのような作品か。誰によって書かれたのか。
21. ディドロの『百科全書』とはどのようなものか。現在購入できるか。
22. 『ユートピア』は，いつ頃の，誰の著作か。もとは何語だったか。何カ国語に訳されているか。日本語訳はあるか。
23. *Madame Bovary, moeurs de province* の日本語訳は何種類出版されているか。
24. 怪盗ルパンの登場する物語（漫画ではない）は，いつ，誰によって書かれたか。日本語訳ではどんなものがあるか。
25. ユークリッド（BC300年頃）の『幾何学原理』が活字本として出版されたのはいつか。
26. 日本で最初に出版された『イソップ物語』は，いつ，どこで出版されたか知りたい。
27. 『江戸の本屋』と『江戸の本屋さん』とはどちらも出版されているか。それぞれの著者，出版社，出版年などを知りたい。
28. 安藤昌益の略歴と著作を知りたい。活字で読めるものはないか。全集に収録されているものでもよい。
29. エリノア・ポーター著『喜びの本（？）』は刊行されているか。購入できるか。
30. 伝統的なおもちゃに関する文献を知りたい。
31. 『万葉集品目解』『万葉集品目図録』を見たいが，活字本はあるか。どこへいけば見ることができるか。
32. *De Re Metallica* という16世紀ドイツの出版物は翻訳されているか。書名などを知りたい。
33. ジェームズ・ワットの発明した蒸気機関について書いた本（原書と日本語訳）を知りたい。
34. 手話法についての図書には何があるか。そのうち購入可能なものはどれか。

35. 『実業教育五十年史』と『実業教育八十年史』とは，どちらも刊行されているのか。どこへ行けば見ることができるか。
36. 生活時間に関する調査報告書にはどんなものがあるか。もし，何回も出ているのなら全部知りたい。
37. ジョナサン・スウィフトの *The Battle of Books* の翻訳が見たい。現在購入できるものはどれか。
38. 有吉佐和子『華岡青洲の妻』は，最初，どこに，いつ発表された作品か。いつ，どのような賞を受けたか。そのあらすじも知りたい。
39. 平岩米吉著『猫の歴史と奇話』(第4版　池田書店　1991.6)の初版はいつか，知りたい。
40. Thomas Malory が書いた『アーサー王の物語』とはどんなものか。日本語訳の書名なども知りたい。
41. 論文の書き方についての本を知りたい。
42. 『文鏡秘府論』の作者，成立あるいは出版年，出版者，簡単な内容を知りたい。
43. 岩波文庫，岩波新書の創刊はいつか。休刊や復刊はあったか。
44. 『さまよえる湖』という本で書かれている湖は，どこの何という湖か。それはなぜか。その本の著者（外国のものなら原題も）なども知りたい。
45. 『義経記』の作者，成立年，概要などを知りたい。別書名はあるか。写本はどこで所蔵しているか。
46. 『永楽大典』とはどのような書物か。
47. 『入唐求法巡礼行記』の作者，作成年，内容の概略，現在でも読めるかなどを知りたい。
48. ゴッホが家族や友人に宛てた手紙を集めた本を読みたい。書名，出版社などを知りたい。
49. 『旅人』という本の著者，出版社，出版年などを知りたい。同名の本があれば全部知りたい。
50. 『もものかんづめ』の著者，出版者，出版年を知りたい。

(7) 新聞記事・雑誌論文に関する問題

1. *Fegato* という雑誌の7巻 (1961) 39ページからの More 氏ほかの論文を入手したい。その所蔵図書館と入手方法を知りたい。
2. *Physilogical Plant Pathlogy,* 1 (1971) の所蔵図書館を知りたい。
3. 歌誌『柊』, 句誌『あらうみ』を所蔵している図書館を知りたい。
4. 『作品』(昭和5年頃刊行の雑誌)を見たいのだが, どこの図書館へ行けばよいか。
5. 昭和初期に発行された『都新聞』と『東京日日新聞』を利用したい。
6. 『うえの』という雑誌はあるか, 出版社はどこか。所蔵している図書館を知りたい。
7. 『東壁』という雑誌を所蔵している図書館を知りたい。
8. 上田修一「オンライン分担目録システムと図書館の選択」はどの雑誌に発表されたか。
9. 幸田露伴の『五重塔』は最初, いつ, どこから出版されたか。もとは新聞か雑誌に連載されたらしいが, いつ, どの新聞か。
10. 『人事院月報』という雑誌の発行所, 創刊年, 刊行頻度, 価格, 購入方法を知りたい。また, バックナンバーをもっている図書館はどこか。
11. チャタレイ裁判についての文献(雑誌論文を含む)が見たい。
12. 堀辰雄の王朝文学について, 特集を組んだ雑誌名とその巻号, 年月を知りたい。
13. 傘に関する文献を網羅的に見たい。そのうち当館にあるのはどれか。
14. 『氷壁』の新聞連載年月日と新聞名を知りたい。また, 最初に単行本になったのはいつで, どこから出版されたか。
15. 雑誌『山と渓谷』の総目次または総索引を利用したい。何を見たらよいか。
16. 志賀直哉の『東宮御所の山菜』という作品が『婦人公論』9月号に発表されたというが, それは何年のことか。また, 作品を読みたい。
17. 『日本機械学会誌』に1990年前後に書かれたという, 補聴器に関する論文を

知りたい。
18. 『アクティブ・ジャパン』という雑誌の主なテーマ，出版社，創刊年，刊行頻度，価格などを知りたい。
19. *Czechoslovak journal of physics. B .* vol.36 no.1（1986）の所在図書館を知りたい。
20. 雑誌 *JCS* の正式名称と創刊号の所蔵図書館を知りたい。
21. Norman D. Stevens : The history of information. in *Advances in librarianship* 14（1986）p.1-48という文献を読みたい。
22. 雑誌 *IEEE Trans. Electrical Insulation* の出版社，刊行頻度，価格を知りたい。
23. *Journal of the American Society for Information Science* 24（1973）の所蔵図書館を知りたい。
24. *Journal of Documentation* vol.48, no.4, p.365-386の論文を読みたい。
25. 英語教育関係の雑誌 *ELT Journal* を創刊号から所蔵している図書館を知りたい。
26. *Annual review of information science and technology* vol.1, p.41-69, 1966を読みたい。
27. VDT労働と疲労に関する文献（図書ないし雑誌論文）を知りたい。
28. 酸性紙と資料の保存に関する文献（図書ないし雑誌論文）を知りたい。
29. 宅配便に関する文献（図書ないし雑誌論文）を知りたい。
30. シェイクスピア時代の英語に関する文献（図書ないし雑誌論文）を知りたい。
31. オンブズマン制度に関する文献（図書ないし雑誌論文）を知りたい。
32. 新聞や週刊誌の報道と倫理についての雑誌論文を知りたい。
33. 日米貿易摩擦についての雑誌論文を知りたい。
34. テレフォンカード，オレンジカードなどのプリペイドカードについての雑誌論文を知りたい。
35. 企業の合併・吸収についての雑誌論文を知りたい。

36. ホーム・バンキングについての雑誌論文を知りたい。
37. ゴミ問題・ゴミ対策についての雑誌論文を知りたい。
38. 人口分布のドーナッツ現象についての雑誌論文を知りたい。
39. 書籍宅配システムについての雑誌論文を知りたい。
40. 藤ノ木古墳についての雑誌論文を知りたい。
41. 日本教育史の中で一つの重要な意味をもっているといわれている「教学大旨」について調べたい。その全文と解説を知りたい。
42. 化粧品の起源と歴史，各民族での相違を知りたい。また，現在の化粧品の種類や成分・製造について，国内で出版された図書を網羅的に調べたい。
43. 椅子の形態・機能・座り心地などについて研究したい。最近の椅子の紹介や乗り物（列車など）の椅子の資料はないだろうか。
44. 河童について，相貌，歴史，棲息場所や信仰，民俗など，そのすべてを知りたい。昔話や文学作品をなるべくたくさん集めたい。
45. 日本の図書館史で重要な意味をもつという，石上何とかいう人の圓亭について，その人と圓亭の詳しいことを知りたい。
46. 司書という言葉の由来と，最も早く使われた例と読み方，仕事の内容を具体的に知りたい。また，近代的な図書館において司書はどのように位置づけられているか。現職の司書の数，養成機関，就職状況などを知りたい。
47. 歯磨きの習慣は古代エジプトでもあったというが，本当か。日本ではいつ頃から，どのように行われていたのか。歯磨きの薬（？）が売られるようになったのはいつか，などを知りたい。
48. 万葉仮名とはどんなものか。その字体，書き方，作られ方，使われている例，参考になる図書などを知りたい。
49. 東京湾アクアラインに関する環境問題や，交通や物流に関するメリットなどを広く調べたい。関連文献を知りたい。図書があったら購入の可否あるいは所蔵図書館を知りたい。
50. アメリカで日本語新聞が何種類，何部くらい発行されているのか。現状と歴史をできるだけ詳細に知りたい。

第5章 レファレンスコレクションの構築と維持

　良いレファレンスサービスを行うためには，回答に必要な各種ツールが整備されていることが重要である。各種の情報要求に的確に答えるため，最終的には回答として具体的な図書や雑誌記事を示すことが多いが，的確でかつ効率よく回答を提供するため，レファレンスコレクションを構築しそれらを最適な状態に維持することが重要である。これらレファレンスツールは，図書館員がレファレンスサービス時に使用するばかりではなく，利用者自身も自らの情報要ニーズを充足させるために利用するものであるから，レファレンスコレクションの構築と維持は，最も重要な図書館サービス（間接サービス）である。言い換えれば，レファレンスコレクションの充実なくして，よいレファレンスサービスは行えない。

1. レファレンスサービスに必要なツールとは

　利用者からのレファレンス質問への回答に際して用いられるレファレンスツール類をまとめてレファレンスコレクションという。回答には，質問の種類により様々情報源が求められる。第1章（1-1図）に示すように，レファレンスツールは，既存の出版物の他，インフォメーションファイルのような自前ツール，各種データベース，Webサイトもある。これら様々な情報源の中で，特に2次情報源の充足が不可欠である。

　レファレンスコレクションの構築は，基本的には各図書館のレファレンスサービスの方針に基づいて行われるので，最終的にどのようなサービスを行うかという方針をしっかり確立させることが最も重要となる。一般的に参考図書類は高価なものが多く，さらに継続して刊行されるものが多いため，一般の図書や逐次刊行物（雑誌，新聞など）とは別立ての予算の確保が必要である。

構築作業は次のようになる。
① レファレンスツールの選択

　　自館がどのような種類あるいはどの位の規模の図書館であるか，利用者層，対象となる分野，地域性，などをよく考え，選択する。この部分がコレクション構築の最も重要な段階である。たとえば公共図書館なら地域資料や情報源を，大学図書館や専門図書館ならその専門とする主題に関わるものである。さらに設置母体に関する情報源も忘れてはならない。

② 収集

　　収集も構築方針に従う。収集に優先順位を設けることは重要である。常に新しくする必要があるものと，他のもので補完可能なものとでは収集の重要度が異なる。

③ 利用のための組織化

　　組織化には，情報源の目録化（書誌情報の作成）と，ラベル貼りなどの整備，そして利用のための排架がある。多くは貸し出しをしないで館内で利用に供するので，「禁帯出」のラベルを貼るなどの整備をしてレファレンスコーナー（参考図書コーナー）に排架する。この際同じ種類のものが集まるように排架するのが基本である。ただし大型の参考図書は別置する場合がある。

④ 更新のための廃棄および入れ替え

　　定期的な点検と更新が必要である。新しく受け入れたレファレンスツールで代替できるものや破損して利用に耐えないものが廃棄の対象となる。新しい情報源を維持することが基本であるが，中には古い情報が必要な場合がある。たとえば年鑑類やハンドブック類である。「ある時期どうであったか」が記され，「当時はどのように解釈されていたか」を知ることができる。ただしこれも構築方針に従う。構築方針には廃棄基準も定めておく必要がある。スペースと利用度などを勘案して行う。

　入れ替えはかならずしも旧版から新版への入れ替えとは限らない。スペースと利用面を勘案して印刷版から電子版への移行もある。この場合利用者自身の

使用を手助けする体制が必要となる。

　レファレンスツールは，一般の図書や逐次刊行物とは異なり全体を通読するものではなく，必要な部分のみを参考にするため，大勢の利用者が利用しやすいように，レファレンスコーナーあるいはレファレンスルームなどに別置しておく。ここには，参考図書のみならず，CD-ROM や DVD データベースなどの電子媒体ツールを利用できるようにコンピュータ端末機の設置も不可欠となる。

　レファレンスコレクションの主体は，市販の出版物，CD-ROM や DVD データベースなどの電子媒体ツール，オンラインデータベースである。しかし公共図書館における地域情報，大学図書館や専門図書館における専門主題に関わる情報には，既存の情報源では対応し切れない場合がある。その対応のためには，インフォメーションファイルのような自前ツールを準備しておく必要がある。自前ツールには，自館所蔵資料を基に作成される書誌や索引類，Web サイトリンク集，地域情報ディレクトリー，などがある。

　なお，Web サイトの情報を参照するときは，内容の信頼性について，たとえば次のような点を確認するとよい[1]。

　① 発信者の連絡先は明記されているか
　② 引用の出所や情報の確認先が明示されているか
　③ ホームページの更新日は表示されているか
　④ 長い間運営されてきたホームページかどうか
　⑤ 他のメディアで情報の裏づけができるか

　インフォメーションファイルについては第 3 章に，案内指示型レファレンスツールの作成については 4 節で述べる。

1） インターネットを利用する方のためのルール＆マナー集 6　http://www.iajapan.org/rule/rule 4 general/main.html#6
　　このほか，Web サイトの情報の評価項目については，次の文献も参照されたい。堀川照代・中村百合子編著『インターネット時代の学校図書館：司書・司書教諭のための「情報」入門』東京電機大学出版局　2003　p.101-116.

2．レファレンスツールの評価

レファレンスツールを有効に活用するために必要な評価の必要性と，そのチェックポイントを解説し，その事例を示す。

（1）　評価の必要性

的確なレファレンスサービスを行うためには，情報源としてレファレンスツールを有効に活用することが重要である。そのために，個々のレファレンスツールの特徴を充分把握しておく必要がある。個々のレファレンスツールは，それぞれ「何を」知るためのものであるかが決まっている。たとえば文献の書誌的事項を調べるものか，住所を知るためのものか，特定の数字データを求めるものか，資料の所蔵を確認できるものか，である。これらツールの個々の特徴をよく見極めた上で，レファレンスツールの構築を進めていかなければならない。前述のように，よいレファレンスサービスを行うためには，コレクションの充実が不可欠である。構築と維持のためには，常日頃レファレンスツールの評価が必要である。レファレンスツールの評価の意義と目的は次の4点にある。

1）選択および収集のための評価　　新しいレファレンスツールが刊行された場合，または類似のレファレンスツールが複数ある場合，どのツールを選択すべきという観点から評価を行う。それらのツールの主題範囲，編集目的，記述レベル，信頼度，など受け入れのための基準を設けて判断に役立てる。この時すでに所蔵しているコレクションとの比較および照合を行う。ここで重要なことは，自館のレファレンスサービスを最大限によいものにするために何が求められるか，という観点に立つことが重要で，臨機応変の対応も大切である。たとえば，1主題に1種類のツールでよいのか，複数あるべきか。予算やスペースなど評価に際して考慮すべき事柄はあるが，レファレンス質問への回答は，複数のツールで確認するのが望ましいという基本も忘れてはならない。

第5章　レファレンスコレクションの構築と維持　　　　　　　　　　　　　163

2）新たに受け入れたツールの評価　　自館のレファレンスツールの内容や特徴を熟知していなければ，利用者からレファレンス質問を寄せられた時，迅速に対応できない。"こういうタイトルのツールが確かあった"では結局使わずじまいに終わる。新しいツールはどのようなものであるかを知るだけではなく，他の類似のツールと何が異なり，どこが同じか，複数のツールの使い分けができるようにしておくべきである。常日頃よりコレクションを眺め，手に取るなどして「馴染んだ」ものにしておくことが重要である。

3）コレクション構築のための評価　　レファレンスコレクションの構成は常に見直す必要がある。情報的価値が軽減したものの入れ替えが必要である。ツール自体の価値が低減するのは，経年変化に対応できなくなったものが対象となる。利用者の質問内容は，社会状況に大きく左右されるので，基本的には新たに刊行されたツールに入れ替えることが普通であるが，前述のように，古くても情報価値の軽減しないツールもあるので，構築方針をきちんと定めておくことが大切である。また回答に必要なツールがコレクションになかったので，レファレンス質問に回答できなかった場合，新たなツールの選択のために評価をしておく。

4）ツールの紹介，および書誌作成のための評価　　レファレンスツールは，図書館員ばかりでなく，利用者が使用する。利用者自身がレファレンスツールを活用できるように，それぞれのツールについて，使い方やツールの特徴を記したガイドを作成する。わかりやすい解説をするために評価をしておく。ツール案内やガイドは図書館の広報活動にも利用できる。また自前の書誌作成にも役立つ。

　（2）　**評価項目とチェックリスト**

　レファレンスツールの評価は，あらかじめ評価項目を設定しておくとやりやすく，また評価項目が一定なので比較検討にも便利である。以下に評価項目をあげる。事実解説型ツールと案内指示型ツールの評価項目は異なるものがある。

1）事実解説型ツールおよび案内指示型ツールの共通評価項目

① 種類と書誌的事項および形態：

情報源の種類（タイトルからは何の種類か判明しにくいものがある），編著者，出版者，版次，出版年，冊（頁）数，価格，大きさ，更新頻度，改訂状況，書誌的来歴など。印刷版か電子媒体か

② 主題範囲：

対象とする主題はなにか，時代や地域，収録のための選択基準が設けられているか（収録密度）

③ 構成と排列：

本文の構成，項目の選定と表記および設定（大項目，中項目，小項目），排列順（おいうえお順，アルファベット順，その他）

④ 記載状況：

図版の有無，解題の有無とその記述

⑤ 参考文献：

参考文献の有無と種類（図書，論文，記事など），参考文献の記述場所，書誌的事項の書き方

⑥ 付録：

有無とその記載位置，種類，内容，形態（別冊，電子版など）

⑦ 利用法，検索手段：

項目へのアプローチの方法，凡例および利用の手引きの有無および，目次，索引（種類，排列など）

見出し語への参照の有無，索引の使い勝手

⑧ 電子媒体への対応：

収録範囲，対応年代

⑨ 特徴のまとめ：

ツールの特徴，類書との比較（記述の正確さなど），用途および使い勝手の印象，利用者層

事典の評価例

【書誌的事項】
図説江戸料理事典 ／ 松下幸子著. — 東京：柏書房, 1996. — 444p; 20cm. — ISBN 4-7601-1243-X

【主題】
江戸時代の料理や料理用語, 料理法。

【範囲】
江戸時代の料理書で, 料理法の記述のある料理書に掲載されているもの。

【本文】
「めし類」「すし類」「めん類」など14項目に分け, 料理についての解説と料理法を説明している。料理書その他の文献から, 料理および食生活に関する図を選んで本文に添えてある。さらに, 江戸時代の魚・鳥・野菜, 料理用語を加えて解説している。

【構成】
本文と4種類の付録, 索引から構成される。
本文は16項目の料理とその解説, 関連の図絵など。付録は「江戸時代の諸国名物（魚介類とその加工品）」「江戸時代の諸国名物（農産物）」「料理書の成立とその時代」「出典解題」がある。索引は料理名の五十音順, 見出し項目となっているものは太字で示している。

【項目へのアプローチ】
目次で料理種別を, 詳細目次で種別ごとの料理名を知ることができる。さらに五十音順索引から掲載ページを検索できる。

【項目の記述】
見出しは仮名で, 漢字が添えてある。その料理を作ることができるような解説が述べられ, 出典が挙げられている。さらに出典からの料理法の原文（翻刻）を付してある。食材や料理, 手順の説明に使われている語句にはふりがながある。関連する図や絵も掲載している。

【用途・印象】
現在でも作られる料理の起源や, 江戸時代の料理方法が詳しくわかる。文学作品や演劇に現れる料理の実際がわかる。図や絵で実際の料理手順や食材の製造法も説明されているので有用である。

2）案内指示型ツールの評価項目

　書誌や索引および目録の場合，共通項目に加え（あるいは）特に重点的に評価すべき項目は以下のようになる。

① 主題に関して：

　具体的テーマ（書誌の場合），専門分野の範囲（索引の場合），先行の書誌および索引の関係

② 収録情報源の範囲に関して：

　収録情報源の種類（図書，雑誌論文，新聞記事，その他（特に「書誌」の場合は対象となる情報源が多岐にわたる）），収録情報源の対象年代（いつからいつまでの発表されたものを対象としているか），収録情報源の収録基準（網羅的か選択的か，「索引」の場合被索引誌紙リストの有無，種類，件数対象国，言語など），採録方法（現物の調査の有無，他のレファレンスツールからの再録および編集，未確認の場合の明記の有無）

③ 記述事項に関して：

　全体構成（わかりやすいか。特に「書誌」では専門家でなくてもわかりやすいか，排列順は何か），相互参照の有無，情報源の記述事項（書誌的事項の記述の正確さ，解題および抄録の有無，典拠の有無，「書誌」の場合は参考文献の有無，「目録」の場合所在情報の正確さ）

④ 刊行に関して：

　更新頻度，タイムラグの程度，印刷版では累積方法と累積頻度と刊行形式，付加情報の有無

書誌の評価例

【書誌的事項】
　事典映画の図書　／　辻恭平著. ― 初版. ― 東京：凱風社, 1989. ― 526p ; 26cm
【テーマ】
　映画に関する図書や冊子・雑誌のリスト。
【範囲】
　国内発行物で，刊行年が1897-1985年（明治30年-昭和60年）のもの。

【採録方法】
著者が直接原本から採録している。
【構成】
本文（リスト）（1-406p），付録（407-426p），索引（427-525p）。
【目録の部の排列】
映画と映画図書の実情に合わせた，著者独自の分類順。分類項目は目次に示してある。
【索引の種類】
書名索引，シリーズ名索引，著者索引。
【検索の手がかり】
目次により分類項目を確認し，テーマ（主題）から探すことができるが，キーワード索引はない。書名などがわかっている場合は索引が利用できる。
【記述】
「書誌的事項」「内容（目次など）」「取材源」が記録されている。「書誌的事項」は日本目録規則・新版予備版に準拠し，それより詳しく記録している。「内容」は目次の記載内容のほか，著者の判断により，詳しい内容あるいは説明が加えられている。「取材源」は収録している図書などを直接閲覧利用した図書館・施設・期間を略号で示している。それらの正式名称は凡例に記載してある。
【見出しなど】
項目見出しは記号と大きい字を，書名は太字を使い，見やすい。各頁上方内側は中分類項目名，外側は小分類項目名をつけて検索しやすくしている。
【用途および印象】
映画に関する資料が一覧でき，検索できる。各資料の「内容」が貴重で，書かれている内容が把握できる点が有効である。また「主観的な説明」も豊富で，"読む書誌"になっている。「取材源」が示されているのは，記載されている資料を利用したい場合に所蔵先がわかって便利である。

3）電子メディアのレファレンスツールの評価項目

電子メディアの特徴は，使い勝手を考慮して物理的に分冊の必要がないこと，目で確認できないので，検索機能が不可欠となる点である。そのため，電子メディアのレファレンスツールの評価項目は，前述の印刷版に追加して以下の項目を評価する。

① 収録内容と範囲に関して：
収録レコードの項目（フィールド），収録年，収録基準
② 検索手段と出力形式，操作性に関して：
アクセスポイント，検索機能（演算子，トランケーションなど），出力形式の種類とフィールド（一覧表示，詳細表示など），ヘルプ機能，マニュアルおよびガイドの有無

CD-ROM 版データベースの評価例

【製作に関する要素】
朝日新聞戦後見出しデータベース：1945-1999 ＝ Asahishinbun postwar headline database：from 1945 to 1999. - [CD-ROM 版]. - 東京：朝日新聞社, 2000.3. - CD-ROM 1 枚；12cm. - ISBN 4-02-350406-8

【収録内容と範囲】
朝日新聞の本紙縮刷版1945年1月号から1999年12月号までの索引見出し約340万件をデータベース化し，1枚のCD-ROMに収録したもの。記事本文は入っていない。

【検索手段】
見出し，大分類，中分類，キーワード（小分類以下の分類に使われているキーワード），掲載年月日，朝夕刊の別，掲載箇所（面，段）から検索できる。大分類と中分類は，一覧の参照とそこからの選択・検索が可能。見出しと小分類以下のキーワードによる検索は全文検索方式で，AND，OR，NOT 演算子も使用できる。

【出力形式】
検索結果の見出し一覧を新しい順に並べ替えることができる。
一覧表示では，掲載年月日，朝夕刊の別，掲載箇所（面，縮刷版1冊内での頁，段），見出しが表示される。
詳細表示では，見出し，掲載年月日，朝夕刊の別，掲載箇所（面，縮刷版1冊内での頁，段），見出しの分類項目（大分類，中分類，小分類，サブ1分類，サブ2分類，サブ3分類）が表示される。

【利用法，操作性】
「ヘルプ」のプルダウンメニューから，検索方法や検索結果の見方などを説明した詳細なマニュアルを参照することができる。多様な検索キーにより，さまざまな側面から検索することができる。

【特徴の要約】
1945年から1995年までのデータを収録する「戦後50年朝日新聞見出しデータベース CD-ASAX 50yrs」（CD-ROM 5枚）に1996年から1999年のデータを加え，全文検索方式にしたもの。これらすべてを1枚のCD-ROMに収めたことにより，55年分の見出しを一度に検索できるようになった。Windows95／98／NT4.0（SP 4 以上）対応。付属資料として，ユーザーズマニュアル（16p, 21cm）がある。

オンラインデータベースの評価例

【製作に関する要素】
朝日新聞社．朝日新聞オンライン記事データベース「聞蔵（きくぞう）DNA for Libraries」．（オンラインデータベース），入手先〈http://dna.asahi.com:7070/〉．

【収録内容と範囲】
朝日新聞の本紙（1984年8月〜）と地方版（1988年6月〜），週刊誌の『AERA』（創刊号（1988年5月）〜）と週刊朝日（2000年4月〜　ニュース面のみ）を検索できる。データは毎日更新され，新聞は，検索当日の朝刊記事までが検索対象となる。

【検索手段】
シンプル検索とパワフル検索がある。
シンプル検索では，本文と見出しのキーワードと発行日による検索が可能。
パワフル検索では，本文と見出しのキーワードと発行日に加え，検索対象紙（朝日新聞朝刊，朝日新聞夕刊，AERA・週刊朝日），本紙／地方版，掲載面，発行社（東京，大阪，名古屋，西部（九州），北海道）の限定による検索が可能。
いずれも，キーワード検索では，AND，OR，NOT 演算子も使用できる。

【出力形式】
いずれの検索画面でも，検索結果リスト表示の件数や順序を設定できる。
一覧表示では，発行日，検索対象紙，掲載面，ページ，文字数が表示される。
詳細表示では，発行日，検索対象紙，掲載面，ページ，発行社，文字数のあとに，記事全文が表示される。

【利用法，操作性】
それぞれの検索方法の画面から，詳細なヘルプ画面（マニュアル）を参照することができる。入力フォームの近くにヘルプへの案内ボタンがあるので，必要な時にはすぐにヘルプ画面を参照できる。パワフル検索では，多数の検索項目による絞り込みが可能である。

【特徴の要約】
大学・学校・公共図書館向けの有料サービス。
検索画面も結果表示画面もカラフルで見やすく，使いやすい印象である。記事の全文が見られて，記事中の検索語（キーワード）の位置も表示される。
著作権法上，記事本文を表示できないものがあり，この場合は見出しまでの検索となる。

3．案内指示型レファレンスツールの作成

　既製の案内指示型レファレンスツールは，あらゆる分野，すべてのテーマや文献をカバーできているとは限らない。そこで，個々の図書館におけるレファレンスサービスをさらに充実させるために，自館の利用者に合わせた自館製ツールを作成し，利用者の情報ニーズに応えられるように準備しておくことも重要なことである。

　公共図書館では，資料展示やブックトークなどの行事の折に，そのテーマなどに即した書誌を作成したりする。

　学校図書館では，読書案内，読書指導，あるいは総合的な学習や調べ学習などの授業に役立つように，学校司書や司書教諭によって選定された図書館資料に基づいて，書誌を作成することがある。

　大学図書館や専門図書館では，レファレンスツールや文献データベースを検索した結果の図書や学術雑誌の研究論文を，文献リストとしてまとめた書誌を作成する。

　ここでは，自館製ツールの作成について述べるが，今日，既製ツールの多くは電子化されており，データベース構築と同じであるといえる。したがって，自館で作成するツールも，データベースとして活用できるように，はじめからデータベース構築として作成しておくことが重要である。また，データベース化しておけば，定期的なデータ更新もしやすい。また，必要に応じて，印刷物としての書誌，索引誌，抄録誌を提供することも十分可能である。

さらに，今日では有益な Web サイトもたくさん存在する。そこで，それらの Web サイトを主題やテーマに応じて，リンク集を作成しておくことも自前のツール作成の一つであるといえる。

(1) 作 成 手 順

5-1図に作成手順を示す。

最終的なアウトプットは，データベースとして提供したり，印刷物として提供することができる。ただし，印刷物として提供する場合は，書誌の構成，索引の種類，表紙，凡例，刊記の作成が必要となる。データベースでの利用の場合は，データベースの利用マニュアル（検索項目や検索方法を解説したマニュアル）を別途，利用者向けに作成する必要がある。このマニュアルは，HELP 機能としてコンピュータ上で参照できるようにしたり，印刷物にしてコンピュー

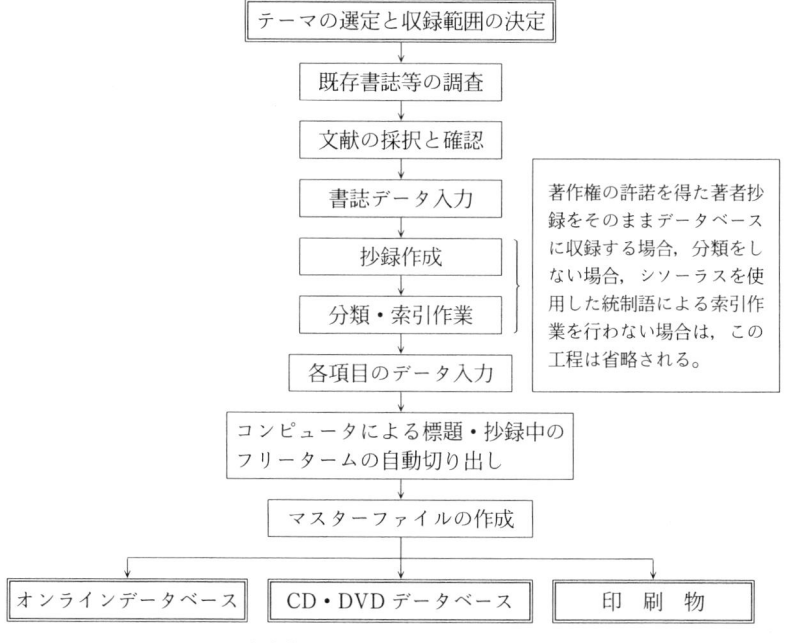

```
┌─────────────────────────┐
│  テーマの選定と収録範囲の決定  │
└─────────────────────────┘
             ↓
    ┌──────────────┐
    │  既存書誌等の調査  │
    └──────────────┘
             ↓
    ┌──────────────┐
    │  文献の採択と確認  │
    └──────────────┘
             ↓
    ┌──────────────┐
    │  書誌データ入力   │
    └──────────────┘
             ↓
    ┌──────────────┐        著作権の許諾を得た著者抄
    │    抄録作成    │ ┐      録をそのままデータベース
    └──────────────┘ │      に収録する場合，分類をし
             ↓      ├     ない場合，シソーラスを使
    ┌──────────────┐ │      用した統制語による索引作
    │  分類・索引作業  │ ┘      業を行わない場合は，この
    └──────────────┘        工程は省略される。
             ↓
    ┌──────────────┐
    │  各項目のデータ入力 │
    └──────────────┘
             ↓
 ┌──────────────────────┐
 │ コンピュータによる標題・抄録中の │
 │   フリータームの自動切り出し   │
 └──────────────────────┘
             ↓
    ┌──────────────┐
    │ マスターファイルの作成 │
    └──────────────┘
       ↓      ↓      ↓
┌──────────┐ ┌──────────┐ ┌──────┐
│オンラインデータベース│ │CD・DVD データベース│ │ 印 刷 物 │
└──────────┘ └──────────┘ └──────┘
```

5-1図　案内指示型レファレンスツールの作成手順

タ端末機のそばに備えておく。

テーマの選定と収録範囲の決定　どのようなツールを作成したらよいか，テーマとその収録範囲を決める必要がある。テーマとしては，利用者から頻繁に調査依頼のあるテーマや，最新のトピック的な問題などを取り上げるとよいであろう。

収録対象資料の範囲を，図書のみ，図書と雑誌論文，新聞記事なども含めるかについては，扱うテーマや利用者層を設定して決める。また，収録の年代もどこまで，遡及するかを決めなければならない。

これらの収録範囲は，どのような規模のツールを作成するかという基本的な方針によって決まるものである。

既存書誌等の調査　既存の書誌などを使用して調査する。第3章で述べた案内指示型レファレンスツールを利用する。当該テーマにどのような書誌があるのかを探したい場合は，書誌の書誌を利用する。また，国立国会図書館のNDL-OPACを利用すれば，国立国会図書館の蔵書検索と『雑誌記事索引』の検索がインターネット上で無料で検索できる。その他，テーマの主題分野に適切なツールあるいは，そのデータベースを調査する。

文献の採択と確認　文献調査が終了したら，書誌データに間違いがないかどうか，実際にその文献に当たって確認する必要がある。印刷ミスや入力ミスがないかどうかの確認である。どうしても実物確認ができない場合は，複数情報源からの確認が必要である。すなわち，複数の図書館のOPACや書店のWebサイトの情報などを用いて確認する。書誌データの記述もさらに詳細な細目があることもある。

書誌データ入力　書誌データが確定したら，データを入力する。できれば，書誌情報メタデータの世界標準であるダブリンコア（ISO15836）に基づいて記述しておくことが望ましい。

抄録作成　書誌は書誌データのみの文献リストであるが，データベースとして構築する場合は，書誌データのみでは十分に得られない文献の抄録や要約，場合によっては書評なども入力しておくと，利用者にとっては内容を知る

上で有効である。抄録をわざわざ作成するのは大変である場合は，著作権の許諾を得て，著者抄録を収録することも考慮にいれるとよい。

分類・索引作業　　抄録同様，分類記号やキーワードなどもデータ入力しておくと，検索する上で便利である。既製のツールなどを利用すると，すでにNDC分類が付与されている場合も多い。キーワードもOPACなどでは『基本件名標目表』の件名が付与されている。雑誌論文などでは，商用データベース（有料で誰でも利用者契約を結べば利用できるデータベース）にはキーワードがわかるものもある。

したがって，これらの作業を独自に分類したり，キーワード付与を行ってもよいが，これらの既存のデータベースにすでに入力されている情報を利用してもよい。

さらに，書名，論文標題，新聞記事の見出し，抄録などからコンピュータによるキーワードの自動切り出しを行うようにプログラム設計しておくとよい。

マスターファイルの作成　　以上のデータ入力が終了すると，マスターファイルが完成する。効率よく検索するためには，別途索引ファイルを作成することもある。

データベースあるいは印刷物での提供　　マスターファイルから，CD-ROM版やDVD-ROM版などのオフラインデータベースとして，あるいはインターネットやイントラネットなどを利用したオンラインデータベースとして提供することができる。

印刷物として提供する場合は，さらに以下のことが必要となる。

書誌構成の決定　　書誌構成は作成者が決めるが，そのテーマと収録した文献の質と量によって，ふさわしい構成を考える。たとえば，図書と雑誌論文を分ける，和文と欧文を分ける，本人の著作と関連文献を分ける作業を行うと使いやすくなるであろう。

排列と見出し　　排列は，音順，年代順，分類順，キーワードの五十音順など，使いやすく見やすい排列方法を工夫する。項目見出しやページ見出しもどのような文字や記号を使用するかを決める。利用者がわかりやすい見出しにす

ることが大切である。

巻末索引の種類と作成　本文の排列が決まったら，本文とは別の観点から検索できるように索引を作成する必要がある。本文がタイトル（書名，論文標題，記事見出し）の五十音順に排列されている場合は，著者索引とキーワード索引を作成する。索引には，整理番号あるいは本文のページなどを記入し，容易に本文を参照できるように作成する。

書誌は本文と索引が表裏一体の関係にあるので，索引は必ず作成することが利用者にとって必要である。データベース化されていれば，それほどの手間はかからない。

表紙，凡例，刊記の作成　表紙には，書誌のタイトルを具体的にわかりやすく付ける。また，凡例には，本文の見方，収録範囲，もとになった文献調査対象資料名などを収録する。最後に奥付を作成し，作成者，発行年月，発行者を記載して刊記とする。

（2）書誌作成の例題

印刷物としての書誌（表紙，凡例，本文，巻末索引）を，以下のテーマで作成してみよう。

1．あなたの好きな作家の個人書誌（著者書誌を含む）
2．遺伝子組み換え食品の安全性に関する書誌
3．日本文学に現れる桜についての書誌

参 考 文 献

　ここには，本科目「レファレンスサービス演習」の理解を深めるための基本的な図書を記す。

渋谷嘉彦編『改訂 情報サービス概説』（新・図書館学シリーズ４）樹村房　2004
長澤雅男『情報と文献の探索』第3版　丸善　1994
長澤雅男『問題解決のためのレファレンス・サービス』日本図書館協会　1991
長澤雅男『レファレンスサービス：図書館における情報サービス』丸善　1995
長澤雅男・石黒祐子『新版 情報源としてのレファレンス・ブックス』日本図書館協会
　2004
日本図書館協会日本の参考図書編集委員会編『日本の参考図書』第4版　日本図書館協会
　2002
日本図書館協会用語委員会編『図書館用語集』三訂版　日本図書館協会　2003
日本図書館情報学会用語辞典編集委員会編『図書館情報学用語辞典』第2版　丸善　2002
藤田節子『新訂 図書館活用術：探す・調べる・知る・学ぶ』日外アソシエーツ　2002
渡部満彦編『改訂 情報検索演習』（新・図書館学シリーズ６）樹村房　2004

さくいん

あ, い, え

案内指示型　31, 54, 82
案内質問　6
一次書誌　85
一般辞典　56
一般年鑑　80
隠語辞典　60
インタビュー技術　10
インフォメーションファイル　2, 103
引用文献索引　99
英語辞典　58

か

解題書誌　90
回答制限事項　10
回答の様式　20
概念　13, 15, 17
外来語辞典　59
カレントアウェアネスサービス　2
官公庁刊行物書誌　91
間接サービス　2
漢和辞典　56, 58

き

キーワード　14
キーワード抽出　17
逆引き辞典　57

け, こ

検索語　14, 16, 18
件名標目表　14
国語辞典　56, 57
語句索引　61
古語辞典　59
個人書誌　90
5W1H　10, 13
諺辞典　60
コミュニケーション技術　11

さ

索引語　14, 16
索引方式　14
雑誌記事索引　97
三次書誌　91

し

自館製ツール　171
死語辞典　59
事実解説型　31, 54
シソーラス　14, 61
質問内容　11
字引き　56
集合書誌　90
主題　13, 14
主題書誌　89
主題百科事典　62
小項目主義　63
情報ニーズ　6, 170
情報要求　10
抄録作成　101
抄録誌　100
書誌　84
書誌学　83
書誌の書誌　91
書評索引　99
人口統計　74
新語辞典　59
人物文献索引　127
新聞記事索引　98
人名鑑　77
人名事典　68
人名典拠録　76

す, せ

図鑑　70
全国書誌　86
選択書誌　88
専門事典　65
専門主題事典　64
専門主題年鑑　80
専門用語事典　64
専門用語集　64

そ

総合年鑑　80
総合百科事典　62
総合目録　94
叢書合集索引　99
蔵書目録　94
俗語辞典　60
即答質問　6

た

大項目主義　62
対訳辞典　58

さくいん

探索語　18
探索質問　6
探索手順　19
団体名鑑　78

ち

地域年鑑　81
地域百科事典　62
逐次刊行物リスト　91
地図帳　75
地名事典　68
調査質問　6
直接サービス　1

て，と

ディジタル・レファレンス　7
同義語　15
統計索引　75
統計年鑑　73
統制語　14
特殊辞典　56

な，に，ね

難読語辞典　61

二次書誌　87
年表　72

は，ひ，ふ

発音辞典　60
販売書誌　86
百科事典　62, 64
百科事典年鑑　63
便覧　69
フリーキーワード　16

ほ

方言辞典　60
法令索引　79
翻訳書誌　90

め

名句辞典　60
目次速報誌　101
メディア比較　53

よ

用語索引　61
用法辞典　61

り，る

略語辞典　61
略歴付書誌　90
類語辞典　60
累年統計　74

れ，ろ

歴史統計　74
レファレンスインタビュー　10
レファレンスサービス　1
レファレンス質問　3, 159
レファレンス質問受付および記録表　8, 9, 12, 21
レファレンスプロセス　6
レフェラルサービス　1
論理演算　19

わ

分かち書き　17

書名さくいん

[和文]

あ

あいさつ語辞典　61
朝日新聞戦後見出しデータベース　168
朝日＝タイムズ世界歴史地図　76
朝日日本歴史人物事典　68
朝日年鑑　80
アジア動向年報　122
アジア歴史地図　123
宛字外来語辞典　59

い

医科学大事典　66
医学書院医学大辞典　29
医学中央雑誌　98
医学用語シソーラス　62
医中誌Web　98
イミダス：情報・知識　23, 59, 111
医療問題の本全情報　89
岩波英和大辞典　58
岩波国語辞典　58
岩波古語辞典　59, 111
岩波数学辞典　66
岩波生物学辞典　66
岩波西洋人名辞典　68, 127
岩波哲学・思想事典　65
岩波理化学辞典　66
隠語辞典集成　60

インターネット図鑑『自然界』　72
インターネット提供の民間統計集　75
インターネット版「官報」　79
インタープレス科学技術25万語活用大辞典　66
インタープレス科学技術25万語大辞典　66
インタープレス科学技術熟語表現大辞典　66

え

英語諺辞典　61
英語略語辞典　61
英米文学研究文献要覧　89
江戸語辞典　59
江戸語大辞典　59
絵による服飾百科事典　71
愛媛年鑑　81
園芸植物大事典　67, 71
演劇百科大事典　67

お

応用言語学事典　67
大宅壮一文庫雑誌記事索引総目録　97
オックスフォード・カラー英和大辞典　58
オックスフォード天文学辞典　66
音楽史大図鑑　72

音楽大事典　67
オンライン学術用語集　67

か

カーク・オスマー化学大辞典　66
海外統計資料目録　75
開高健書誌　90
外国人物レファレンス事典　91
会社基本情報　78
会社四季報　78
会社四季報未上場会社CD-ROM　78
会社総鑑　78
会社年鑑　78, 131
科学技術文献速報　101, 139
化学大辞典（共立出版）　66
化学大辞典（東京化学同人）　66
学術雑誌総合目録　39, 95
画集写真集全情報　89
数え方の辞典　62
学会名鑑　78
学協会情報発信サービス　78
学校図書館基本図書目録　88
角川外来語辞典　59
角川漢和辞典　58
角川古語大辞典　59

書名さくいん

角川大字源　58
角川日本史辞典　65
角川日本地名大辞典
　　　　　　68, 125
角川類語新辞典　60
歌舞伎事典　67
川端康成戦後作品研究史・
　文献目録　90
完結昭和国勢総覧　70
官公庁リンク集　78
看護学事典　67
漢籍解題　90
官庁資料要覧　91
官報　23, 79
官報関連 search　79
官報ダイジェスト　79
官報バックナンバー　79
官報資料版　79
慣用表現辞典：日本語の言
　い回し　61

き

紀行・案内記本全情報　89
聞蔵 DNA for Libraries
　169
気象年鑑　80, 115
ギネスブック　80
基本外来語辞典　59
基本件名標目表　173
逆引き広辞苑　57
教育小六法　79
魚類レファレンス事典　91
ギリシャ・ラテン引用語辞
　典　61
近世上方語辞典　59
近代日本総合年表　73

け

経済学辞典　66
経済学大辞典　66
経済史文献解題　89
研究紀要ポータル
　　　　　　　98, 139
研究社新英和大辞典　58
研究社新和英大辞典　58
健康・食事の本全情報　89
原色魚類大図鑑　71
原色鉱物岩石検索図鑑　71
原色昆虫大図鑑　71
原色図典日本美術史年表
　　　　　　　　　73
原色世界植物大図鑑　71
原色動物大図鑑　71
原色日本鳥類大図鑑　71
原色牧野植物大図鑑
　　　　　　　27, 71
現代アメリカデータ総覧
　　　　　　　　　74
現代外国人名録2008　77
現代教育学事典　66
現代死語事典：わすれては
　ならない　59
現代死語事典：わすれては
　ならない続　59
現代政治学事典　65
現代哲学事典　65
現代日本科学技術者大事典
　　　　　　　　　90
現代日本地名よみかた大辞
　典　61
現代法律百科大辞典　65
現代用語の基礎知識
　　　　　　　23, 59

現代労働組合事典　117
建築大辞典　67

こ

広漢和辞典　58, 110
広辞苑　27, 57, 109, 110
講談社園芸大百科事典　67
講談社新大字典　58
講談社大百科事典 Grand
　Universe　27, 64
国語学大辞典　67
国語大辞典　58
国際連合世界統計年鑑　73
國史大辞典　25, 65
国史大図鑑　71
国書人名辞典　69
国書総目録　95
国土行政区画総覧　69
国土交通省／統計情報　75
国土地理院の地理情報の閲
　覧・提供サービス　70
国宝大事典　72
国民百科事典　27
国立印刷局発行白書一覧
　　　　　　　　　82
国立国会図書館雑誌記事索
　引　29
国立国会図書館書誌検索和
　図書　29
国立国会図書館所蔵国内逐
　次刊行物総目次・総索引
　一覧　102
国立国会図書館所蔵国内逐
　次刊行物目録　95
国立国会図書館蔵書目録
　　　　　　　　　94

国立国会図書館著者名典拠録　61
国立国会図書館著者名典拠録：明治以降日本人名　76
国立情報学研究所雑誌記事索引　29
古語大辞典　59
故事成語名言大辞典　60
故事俗信ことわざ大辞典　60
古典籍総合目録　95
コンサイス外国語地名事典　123, 124
コンサイス地名辞典　37
コンサイス日本山名事典　37
コンサイス外来語辞典　59
昆虫レファレンス事典　91

さ

災害・防災の本全情報　89
最新医学大辞典　29, 67
最新スポーツ大事典　67
最新世界各国要覧　69
財務省／統計資料　75
魚の分類の図鑑：世界の魚の種類を考える　71
さくら日本切手カタログ　72
雑誌記事索引　29, 39, 85, 97, 138, 172
雑誌記事索引　人文・社会編　累積索引版　39, 97
雑誌新聞総かたろぐ　91, 137
三省堂世界歴史地図　76

三省堂新六法　23

し

辞書・事典全情報　92, 107
時事年鑑　80
時代別国語大辞典　59
実用難読奇姓辞典　61
実例心理学事典　65
事典映画の図書　166
児童文学書全情報　89
事物起源辞典　65
社会科学大事典　65
社会・労働運動大年表　73
写真レファレンス事典　91
集英社世界文学大事典　67
週刊誌記事索引　139
週刊新刊案内　87
主題書誌索引　92, 108
出版年鑑　80, 138
出版年鑑＋付録　日本書籍総目録CD-ROM版　86
小学館ランダムハウス英和大辞典　58
状況分類別敬語用法辞典　61
上代語辞典　59
情報の歴史：象形文字から人工知能まで　73
昭和ニュース事典　98
職員録　77
植栽データ図鑑　72
植物レファレンス事典　91
書誌年鑑　88, 92, 108
書評年報　99
女性・婦人問題の本全情報　91

史料館所蔵民族資料図版目録　71
新カトリック大事典　65
新教育学大事典　66
新現代日本執筆者大事典　90
人口動態統計　74
人事興信録　77
新社会学辞典　66
新収洋書総合目録　95
新潮国語辞典：現代語・古語　58
新潮世界美術辞典　67
新潮世界文学辞典　67
新潮日本人名辞典　68
新潮日本文学辞典　67
新訂現代日本人名録2002　77
新訂増補人物レファレンス事典　91
新訂同姓異読み人名辞典　61
神道大辞典　65
新版世界史事典　119
人物書誌索引　88, 92, 129, 136, 139
人物書誌大系　129
人物文献目録　90
新編故事ことわざ辞典　60
新編国歌大観　61
新編西洋史辞典　65
新編大言海　57
新明解漢和辞典　58
新明解国語辞典　58
人名よみかた辞典　61, 126
新用字用語辞典　61

書名さくいん

心理学事典　65
心理学の本全情報　89

す

数学辞典　66
スーパー・ニッポニカ　64
図説江戸料理事典　165
図解外来語辞典　59
図説世界文化史大系　71
図説電気工学大事典　67
図録日本の貨幣　71
図説日本文化史大系　71
図解による法律用語辞典　65
図説草木名彙辞典　116
ステッドマン医学大辞典　67

せ，そ

青少年問題の本全情報　89
聖書語句大辞典　61
政府刊行物等総合目録　91, 135
生物学ハンドブック　70
政府定期刊行物目次総覧　103
西洋音楽史年表　73
西洋思想大事典　65
西洋人名よみかた辞典　61
西洋美術作品レファレンス事典　91
世界科学大事典　66
世界キリスト教百科事典　65
世界考古学事典　65
世界国勢図会　74
世界ことわざ大事典　61

世界山岳百科事典　37, 125
世界史大年表　72, 121
世界宗教事典　114
世界宗教大事典　65, 114
世界大地図帳　76, 124
世界大百科事典　25, 27, 38, 42, 48, 52, 64, 120
世界地名大事典　68, 123
世界伝記大事典　68, 129
世界年鑑　81
世界の国旗　71
世界の統計　73
世界美術大事典　67
世界名著大事典　88, 90
世界歴史大事典　65, 119
世界歴史文化年表　73
全国アクセント辞典　60
全国各種団体名鑑　78, 130
全国桜の名木100選　72
全国試験研究機関名鑑　78, 130
全国市町村要覧　70
全国大学一覧　78
全国大学職員録　77
全国短期大学・高等専門学校一覧　78
全国短大・高専職員録　77
全国特殊コレクション要覧　78
全国図書館案内　78
全国方言辞典　60
全集・叢書細目総覧　99
全集・叢書総目録　100
全情報シリーズ　89, 92
選定図書総目録　88, 90

専門情報機関総覧　78
ゼンリン住宅地図　76
総合誌記事索引　139

た

大漢和辞典　58
大正ニュース事典　98
大辞林　57
大日本地名辞書　68
ダイヤモンド会社職員録　全上場会社版　77
ダイヤモンド会社職員録　非上場会社版　77
たべもの起源事典　27

ち

知恵蔵　23, 59
地学事典　66
地価公示　76
地球・自然環境の本全情報　89
地方公共団体総覧　70
中国故事成語辞典　60
中国古典名言事典　60
著作権関係法令集　79
著作権台帳：文化人名録　77

て

定本三島由紀夫書誌　90, 136
データベース20世紀年表　73
デジタル植物園　72
哲学事典　65
天文・宇宙の本全情報　89
伝記・評伝全情報　89

電子政府「e-Gov」 135
電子政府の総合窓口 91
電子政府の総合窓口―各府省・独立行政法人等のホームページ 78
電子政府の総合窓口―統計調査結果 75
電子政府の総合窓口―白書等 82

と

東京ズーネット 72
東京都立図書館 類縁機関名簿 79
統計局ホームページ 75
統計―経済産業省 75
統計GISプラザ 75
統計情報インデックス 75
統計調査総覧 75
統計データ・ポータルサイト 70, 75
動物レファレンス事典 91
ドーランド図説医学大事典 29
読史備要 69
図書館関係専門家事典 128
図書館情報学研究文献要覧 89
図書館情報学ハンドブック 69, 115
図書館情報学用語辞典 114
図書館年鑑 78, 80
図書館ハンドブック 69, 114
図書館リンク集 79

トピック&エピソード 世界史大年表 121

な

中西正和歴史年表 73
難訓辞典（啓成社） 61
難訓辞典（東京堂出版） 61, 110
南山堂医学大辞典 29, 67
難読地名辞典 61

に

日経会社情報 78
日経シソーラス 62
日本アルマナック 74
日本家紋総鑑 71
日本銀行 75
日本近代文学大事典 67
日本件名図書目録 89, 134
日本語発音アクセント辞典 60
日本考古学図鑑 71
日本語学辞典 67
日本国語大辞典 57, 109
日本国勢図会 70, 74, 117
日本国勢地図 76
日本古典文学大辞典 67
日本語になった外国語辞典 59
日本雑誌総覧 91
日本史図録 71
日本史総合年表 73
日本史総覧 69
日本史大事典 65, 119
日本書誌の書誌 35, 88, 92

日本書籍総目録 42, 43, 45, 46, 88, 133
日本紳士録 77
日本人物文献索引 90
日本人物文献目録 128
日本人名大事典 68
日本全国書誌 86, 88
日本大地図帳 76
日本大百科全書 25, 38, 64, 113
日本地図帳 76
日本地名大百科 ランドジャポニカ 124
日本長期統計総覧 74
日本著者名総目録 133, 136
日本統計索引 76
日本統計年鑑 74, 117
日本年中行事辞典 27, 65
日本のきのこ 72
日本の参考図書 35, 107
日本の詩歌全情報 89
日本の統計 74
日本の図書館 78
日本の祭り事典 25
日本美術作品レファレンス事典 91
日本文学研究文献要覧 89
日本文学大辞典 67
日本文学大年表 73
日本文化総合年表 72
日本方言大辞典 60
日本法令索引 80
日本民俗芸能事典 25, 70
日本民俗語大辞典 66
日本民俗大辞典 25, 66

書名さくいん

日本郵便切手・はがき図録 72
日本歴史大辞典 65
日本歴史大事典 119
日本歴史地図 76
日本歴史地名大系 68
日本暦西暦月日対照表 72
ニューグローブ世界音楽大事典 67

ね
ネットで百科@Home 51
年鑑・白書全情報 92
年刊参考図書解説目録 107
年中行事辞典 65

の
農学大事典 67
ノーベル賞受賞者業績辞典 140
ノーベル賞・受賞者総覧 140

は
パーソナルカタカナ語辞典 111
ハイパー植物図鑑 72
白書（年次報告書） 82
反対語大辞典 60
反対語対照語辞典 60
万有百科大事典 37

ひ
必携用字用語辞典 61
標準音楽辞典 67

廣川ドーランド図説医学大辞典 66
便覧図鑑年表全情報 92

ふ
福澤諭吉とその門下書誌 90
服飾・デザインの本全情報 89
服装大百科事典 67
物理学辞典 66
ブリタニカ国際年鑑 121
ブリタニカ国際大百科事典 27, 64, 121
ブリタニカ国際大百科事典：現代用語収録 64
文化人類学事典 66

ほ
法令全書 79
法令データ提供システム 79
翻訳小説全情報 89, 91
翻訳図書目録 90, 134

ま
毎日ニュース事典 140
マイペディア 49, 52
牧野新日本植物図鑑 116
マクミラン世界歴史統計 74
マグローヒル科学技術用語大辞典 66
マルシェ：料理材料大図鑑 72
マルチメディア図鑑シリーズ 72

み
三島由紀夫作品総覧 136
三島由紀夫文庫目録　清水文雄先生旧蔵 136
民話・昔話全情報 89
民力 70, 74

め，も
明解日本語アクセント辞典 60
明治大正国勢総覧 70
明治ニュース事典 98, 141
名簿・名鑑全情報 92
望月仏教大辞典 65
模範六法 79

や
薬用植物事典 27
野草大図鑑 27, 72
野草大百科 27

ゆ，よ
有職故実図鑑 71
ユネスコ文化統計年鑑 73
読売ニュース総覧 98
読売年鑑 23, 80

ら，り
来日西洋人名事典 38, 68
理科年表 70, 115, 140
略語大辞典 61

る，れ
類語国語辞典 60, 111
類語辞典 60, 111

類語大辞典 60
歴史データベース on the Web 73

ろ

労働関係法規集 118

六法全書 23, 66, 79, 118
論文集内容細目総覧 100

[欧文]

A　A World Bibliography of Bibliographies 92
　　ALA図書館情報学辞典 93
　　Almanack Whitaker 80
　　American Library Directory 78
　　Arts and Humanities Citation Index 99
　　artscape（全国ミュージアムデータベース） 79
B　Bibliotheca Universalis 85
　　Biological Abstracts 101
　　BIOSIS Previews 101
　　bk1（ビーケイワン）の書評ポータル 99
　　Book Page 本の年鑑 87, 133
　　Book Review Digest 99
　　Book Review Index 99
　　Booklist 90
　　Books in Print 87
　　Books in Series; Original, Reprinted, In-print, and Out-of-print Books 90
　　Books.or.jp［本をさがす］ 44, 47, 87
　　British Library General Subject Catalogue 94
　　British Library Public Catalogue 86
　　British National Bibliography 86
　　BUNSOKU 101
C　CA File 101
　　CA Search 101
　　Catalog of the Shakespeare Collection Folger Shakespeare Library Boston 90
　　Chemical Abstracts 101
　　Current Contents 102
　　Current Contents Connect 102
　　CURRENT CONTENTS SEARCH 102
　　Current Index to Journal in Education 98
D　Dictionary of National Biography 77
E　Ei Compendex 101
　　EMBASE 101
　　Engineering Index 101
　　ERIC Database 98
　　Excerpta Medica 101
I　IIS：index to international statistics：a guide to the statistical publications of international intergovernmental organizations 75
　　Index Medicus 98
　　INSPEC 101
J　J-BISC 86, 94
　　JAPAN/MARC 86, 94
　　JICST 科学技術用語シソーラス 62
　　JMedPlus 101
　　JSTPlus 101
L　LC Online Catalog 86

書名さくいん

Library and Information Science Abstracts (LISA) 101
Libweb-Library WWW Servers 79
Literatures of the World in English Translation 91

M　Mapion 76
MAPQUEST 76
MARUZEN 科学年表：知の5000年史 73
MEDLINE 98

N　NACSIS Webcat 95
National Union Catalog 86, 95
NDL-OPAC 86, 94, 172
New York Times Index 98
NICHIGAI / WEB の BOOKPLUS 87
NIKKEI NET：景気ウオッチ 75
NIKKEI NET：日経調査 75
NIPPON-Net 78

O　Oxford English Reference Dictionary 58

P　Physics Abstracts 101
Psychological Abstracts 101
PsycInfo 101
PubMed 98

R　ReaD 研究開発支援総合ディレクトリ 78
Roget's Thesaurus of English words and phrases 60

S　Science Citation Index 99
Social Sciences Citation Index 99
Statistical Yearbook 73

T　The Oxford-Duden pictorial Japanese & English dictionary 58
The Times comprehensive atlas of the world ＝ タイムズ世界地図帳 76
The Times Index 98
TRC ブックポータル 87

U　UK MARC 86
United Nations System of Organizations 78
U.S. Census Bureau U.S. Department of Commerce 75
U.S. Library of Congress. Subject Catalog 94
US MARC 86

W　Webcat 39
Web of Science 99
Webster's New international Dictionary of the English language 58
Whitaker's Books in Print 87
Who's Who 77
World Almanac and Book of Facts 80
World of Learning 78

Y　Yahoo！ファイナンス―企業情報 78
Year's Book 年版新刊案内 87

シリーズ監修者

髙山正也　国立公文書館館長
たかやままさや　慶應義塾大学名誉教授

植松貞夫　筑波大学教授
うえまつさだお

執　筆　者

木本　幸子（きもと・さちこ）
慶應義塾大学文学部図書館学科卒業
慶應義塾大学医学部北里記念医学図書館，国際医学情報センター，日本軽金属㈱，㈱紀伊國屋書店を経て，平成10年より大妻女子大学
元　大妻女子大学家政学部教授
現在　日本大学文理学部他　非常勤講師

三浦　敬子（みうら・けいこ）
1995　図書館情報大学図書館情報学部図書館情報学科卒業
1997　図書館情報大学大学院図書館情報学研究科修士課程修了
東京工業大学附属図書館勤務を経て，
2002　図書館情報大学大学院情報メディア研究科博士後期課程中途退学
元　立教大学・産能短期大学等非常勤講師

原田　智子（はらだ・ともこ）
学習院大学理学部化学科卒業
慶應義塾大学大学院文学研究科図書館・情報学専攻修士課程修了
㈶国際医学情報センター業務部文献調査課長，産能短期大学教授を経て，
現在　鶴見大学文学部教授
サーチャーの会会長，データベース検索技術者認定試験（現，情報検索応用能力試験）1級取得
主著　『情報検索の基礎知識』（共著）情報科学技術協会，『情報の管理と検索』（共著）情報科学技術協会，『情報検索の基礎』（共著）日外アソシエーツ，『情報検索演習』（共著）樹村房など

新・図書館学シリーズ　5

改訂　レファレンスサービス演習

平成10年 2 月20日　初版発行
平成16年 2 月25日　第 7 刷
平成16年 8 月20日　改訂第 1 刷
平成22年 9 月17日　改訂第 5 刷
平成24年 2 月20日　改訂第 7 刷　（改訂第 5 刷時に加筆・修正）

著者Ⓒ　木　本　幸　子
　　　　原　田　智　子
　　　　堀　込　静　香
　　　　三　浦　敬　子

検印廃止　　発行者　大　塚　栄　一

発行所　㈱樹村房　JUSONBO

〒112-0002　東京都文京区小石川 5 丁目11番 7 号
電　話　東　京　(03) 3868 – 7321
Ｆ Ａ Ｘ　東　京　(03) 6801 – 5202
http://www.jusonbo.co.jp/
振替口座　　00190 – 3 – 93169

製版印刷・亜細亜印刷㈱／製本・愛千製本所
ISBN978-4-88367-077-2
乱丁・落丁本はお取り替えいたします。

―― 樹村房 ――

高山正也
植松貞夫 監修 **新・図書館学シリーズ**

*は編集責任者　　（A5判）

1	改訂 図書館概論	＊植松　貞夫　志保田　務 寺田　光孝　永田　治樹 薬袋　秀樹　森山　光良	1,995円 （税込）
2	改訂 図書館経営論	＊高山　正也　加藤　修子 岸田　和明　田窪　直規 村田　文生	1,995円 （税込）
3	改訂 図書館サービス論	＊高山　正也　池内　　淳 斎藤　泰則　阪田　蓉子 宮部　頼子	1,995円 （税込）
4	改訂 情報サービス概説	＊渋谷　嘉彦　大庭　一郎 杉江　典子　梁瀬三千代	1,995円 （税込）
5	改訂 レファレンスサービス演習	＊木本　幸子　原田　智子 堀込　静香　三浦　敬子	1,995円 （税込）
6	三訂 情報検索演習	＊原田　智子　江草　由佳 小山　憲司　澤井　　清	1,995円 （税込）
7	改訂 図書館資料論	＊平野　英俊　岸　　美雪 岸田　和明　村上篤太郎	1,995円 （税込）
8	改訂 専門資料論	＊戸田　光昭　金　　容媛 澤井　　清　玉手　匡子 仁上　幸治	1,995円 （税込）
9	三訂 資料組織概説	＊田窪　直規　岡田　　靖 小林　康隆　村上　泰子 山崎　久道　渡邊　隆弘	1,995円 （税込）
10	三訂 資料組織演習	＊岡田　　靖　榎本裕希子 菅原　春雄　野崎　昭雄 渡部　満彦	1,995円 （税込）
11	改訂 児童サービス論	＊中多　泰子　汐﨑　順子 宍戸　　寛	1,995円 （税込）
12	図書及び図書館史	＊寺田　光孝　加藤　三郎 村越　貴代美	1,995円 （税込）
	資料分類法及び演習　第二版	＊今　まど子　西田　俊子	1,995円 （税込）

―――

司書・学芸員をめざす人への
生涯学習概論　　＊大堀　　哲　高山　正也　　1,995円
　　　　　　　　　　中村　正之　西川　万文　　（税込）
　　　　　　　　　　村田　文生

生涯学習・社会教育概論　　稲生　勁吾　編著　　1,890円（税込）

図書館学基礎資料　第十版　　今　まど子　編著　　1,050円（税込）

改訂 視聴覚メディアと教育　　佐賀　啓男　編著　　1,995円（税込）